AF389813

PRINCIPES ET PRATIQUE

D'ART EN PHOTOGRAPHIE

LE PAYSAGE.

26057   PARIS. — IMPRIMERIE GAUTHIER-VILLARS,

Quai des Grands-Augustins, 55.

ENSEIGNEMENT SUPÉRIEUR DE LA PHOTOGRAPHIE

(COURS PROFESSÉ A LA SOCIÉTÉ FRANÇAISE DE PHOTOGRAPHIE).

PRINCIPES ET PRATIQUE

D'ART EN PHOTOGRAPHIE

LE PAYSAGE

PAR

FRÉDÉRIC DILLAYE.

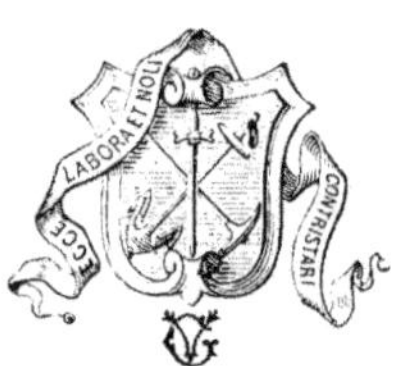

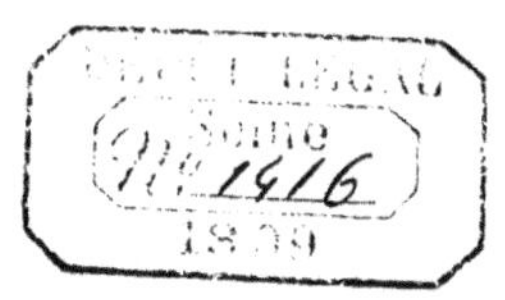

PARIS,

GAUTHIER-VILLARS, IMPRIMEUR-LIBRAIRE,

ÉDITEUR DE LA BIBLIOTHÈQUE PHOTOGRAPHIQUE,

Quai des Grands-Augustins, 55.

1899

PRINCIPES ET PRATIQUE
D'ART EN PHOTOGRAPHIE.

LE PAYSAGE.

PREMIÈRE LEÇON.

PERSPECTIVE.

Principes généraux. — Point de vue. — Point principal de fuite. — Point de distance. — L'horizon. — Déformation apparente des lignes. — Surface utilisable. — Récupération de la perspective par l'agrandissement. — Entrée dans le tableau.

MESDAMES, MESSIEURS.

Avant de commencer ce Cours, permettez-moi de remercier la Société française de Photographie.

Certes, lorsqu'elle est venue faire appel à mon concours, je me suis senti très honoré et très flatté. Ce n'est cependant pas ce sentiment purement égoïste qui me pousse à la remercier. Je veux que mon remercîment soit plus étendu, plus large.

Il y a sept ou huit ans, j'ai commencé à parler de l'Art en Photographie. J'ai fait, par la plume et par la parole, la propagande par la pensée. Des expositions sont venues, répétées, spéciales, faire, elles, la propagande par le fait.

Hier encore, la grave *Revue des Deux-Mondes,* par la plume autorisée d'un de ses meilleurs critiques d'Art, M. Robert de la

Sizeranne, posait la question : la Photographie est-elle un Art? et concluait, en somme, à l'affirmative. Or, aujourd'hui, la Société française, en ouvrant, dans son enseignement supérieur, un Cours spécial pour l'Art en Photographie, affirme hautement, nettement, avec sa grande compétence, avec l'autorité de son âge et de son bon renom, que l'Art photographique existe.

C'est pour la proclamation de cette existence que je tiens à remercier, en mon nom personnel aussi bien qu'au nom des adeptes de la Photographie, la Société française et je me plais à espérer que vous vous associerez tous à ces remercîments.

Si l'Art photographique existe, il doit être, comme tous les arts, soumis à certaines règles et à certaines lois. Quand je dis qu'il doit y être soumis, j'entends qu'il doit s'y plier. On peut se soumettre à des lois ou simplement s'y plier, c'est-à-dire les reconnaître bonnes, propres à guider dans le droit chemin et les suivre avec une certaine liberté et une certaine clairvoyance qui sont loin de l'aveuglement qu'implique la soumission.

Beaucoup de ces lois émanent soit de la perspective, soit de la composition, soit de la lumière. Ce sont ces différents points qui constitueront le programme général du Cours que j'ai à vous professer.

Dans notre première leçon, nous parlerons plus particulièrement de la perspective. Le sujet est un peu bien sévère; je n'en disconviens pas. Cependant, lorsque vous lisez aujourd'hui un morceau de littérature, vous en êtes très heureux; or, pour le lire, vous avez commencé par apprendre l'ABC, ce qui, autant qu'il m'en souvient et qu'il vous en souvient peut-être aussi, n'était pas chose fort récréative.

L'ABC de tout art graphique est la perspective. Le seul fait de cette constatation m'oblige de commencer par la perspective. Je ferai de mon mieux pour vous rendre la leçon aussi peu aride que possible.

La perspective n'était pas absolument ignorée des anciens : on en trouve des traces dans Eschyle, dans Vitruve; néanmoins il faut arriver jusqu'à Albert Dürer ou Léonard de Vinci pour la rencontrer formulée en des lois pratiques.

Lorsque nous faisons de l'art graphique, lorsque nous repro-

duisons une image quelconque, nous la reproduisons sur une surface plane alors que l'objet que nous avons à reproduire n'est pas
du tout plan. Nous sommes donc absolument obligés de trouver
une méthode nous permettant de reporter sur une surface plane
ce que nous voyons en relief. C'est cette méthode de transformation que l'on appelle la *perspective* et c'est, en somme, la plus
belle méthode de transformation que l'homme possède.

Si nous prenons le terme dans son sens propre, nous voyons
que le mot *perspective* est composé de deux mots latins : *per*, au
travers, et *specto*, je vois. Voir quelle chose au travers de quelle
autre chose? Je vous répondrai tout de suite : voir d'un *point fixe*
dit *point de vue* l'objet *à représenter* au travers de l'image *qui
représente* cet objet sur une surface plane.

Supposons un triangle ABC (*fig.* 1), objet à représenter, une

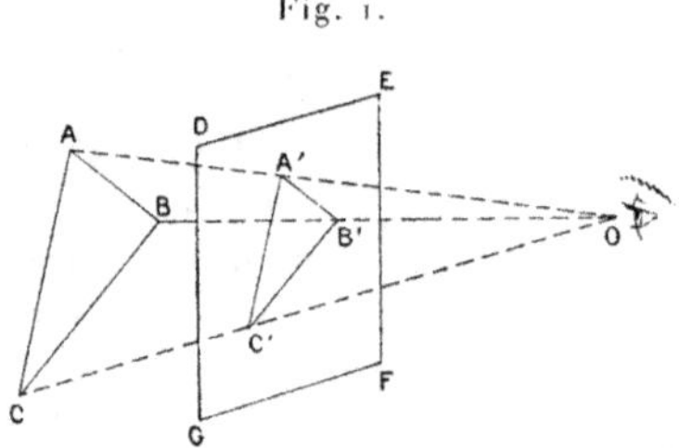

Fig. 1.

surface plane, DEFG constituant le tableau et notre œil placé au
point fixe O. De chaque sommet du triangle, menons une droite
au point O. Ces droites perceront le tableau en trois points A′, B′,
C′, et leur jonction, par des droites, nous donnera l'image A′B′C′
du triangle. Réciproquement les rayons visuels partant du point de
vue et venant frapper chacun des sommets du triangle représenté
iront retrouver les sommets du triangle réel. C'est comme si notre
tableau était une glace sans tain interposée entre l'œil et l'objet.
Voilà en réalité ce qu'est la perspective.

Si elle nous donne l'image d'un objet, nous la donne-t-elle avec
la grandeur apparente de cet objet? Parfaitement, oui.

Prenons ce même tableau DEFG (*fig.* 2), et une verticale AB.
Nous voyons qu'en réunissant au point de vue O les deux extré-

mités de cette ligne AB, celle-ci sera figurée sur le tableau par la
ligne *ab*.

Supposons une autre verticale A'B', exactement égale à la ligne
AB, mais reportée beaucoup plus loin de notre œil, beaucoup
plus en arrière du tableau. Qu'arrivera-t-il? Si nous joignons le
point O aux extrémités de cette nouvelle verticale, nous voyons
que l'image de A'B' est réduite à *a'b'*, alors cependant que AB
et A'B' sont égales dans la réalité, mais inégalement distantes du
tableau. Donc la perspective ne nous donne pas seulement l'image
d'un objet, elle nous donne aussi cet objet avec sa grandeur appa-

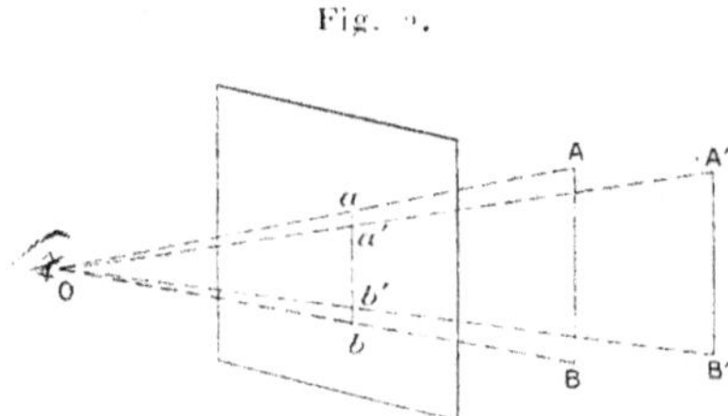

Fig. 5.

rente, c'est-à-dire la déperdition de grandeur qu'il semble subir
suivant qu'il s'éloigne plus ou moins du tableau. Ainsi, lorsque
nous avons près de nous un personnage à peu près de notre taille,
nous savons qu'il se rapetisse au fur et à mesure qu'il s'éloigne de
notre œil, tout en conservant, pourtant, sa taille propre. La perspective nous permet donc de reproduire sur un tableau, c'est-
à-dire sur une *surface plane,* ces différentes grandeurs apparentes suivant la position du personnage.

Cette perspective est dite *perspective linéaire* par rapport à la
perspective aérienne qui s'applique à la gradation des teintes
et dont nous aurons à parler au moment où nous nous occu-
perons de la lumière.

La perspective linéaire étant ainsi la représentation des objets
supposés vus à travers une glace sans tain, voyons quels sont ses
éléments pour l'œil du dessinateur et quelles sont ses conséquences. Nous aurons ensuite à reprendre ces éléments et ces
conséquences, afin de voir comment ils peuvent s'adapter à l'appa-

reil photographique. Dorès et déjà, je puis vous affirmer qu'au point de vue des avantages, l'appareil photographique ne sera pas le moins bien partagé.

Les éléments de la perspective linéaire sont :

1° Le point de vue ;

2° Le tableau ;

3° L'angle optique ;

4° Les lignes de terre, de ciel et d'horizon.

Le *point de vue*, c'est l'œil du spectateur, ou du dessinateur, œil tout spécial, œil unique. Il n'est pas question ici de vision binoculaire. Pour bien mettre en perspective, on regarde, en effet, avec un seul œil et cet œil a cela de particulier qu'il doit être *absolument fixe*, sans ces balancements que le nôtre possède, même inconsciemment. Ainsi, en vous parlant, je regarde une personne du premier rang. Je vois néanmoins au fond de la salle. Cependant, pour mieux voir, mon œil effectue un petit balancement, presque imperceptible, mais qui existe. C'est ce balancement, si minime soit-il, qui doit ne pas exister dans l'œil du dessinateur. Je le répète : le *point de vue* doit être absolument fixe.

Le *tableau* est une surface plane verticale interposée entre le point de vue et l'objet à représenter.

L'*angle optique,* c'est l'angle sous lequel nous voyons l'objet. Cet angle prendra, par conséquent, tout le champ du tableau et viendra justement déterminer les dimensions de ce tableau. Tournant sur sa bissectrice comme axe, il détermine un cône, partant un champ circulaire, dont la circonférence circonscrira le carré ou le rectangle constituant le tableau.

La *ligne de terre* est la base du tableau, donc une parallèle menée au sol dans le plan vertical s'élevant du point où l'angle optique perce ce sol. Par conséquent, elle est, en réalité, déterminée par l'ouverture de cet angle optique et dépend, dès lors, absolument de lui.

La *ligne de ciel* en est presque la conséquence, puisqu'elle est opposée à la ligne de terre et forme la limite supérieure du tableau.

Il nous reste enfin à considérer la *ligne d'horizon*. Cette ligne d'horizon est très spéciale. C'est l'intersection du plan horizontal passant par le point de vue avec le plan vertical du tableau. Si

nous menons par l'œil une perpendiculaire au tableau, et que
nous tracions, du point où elle percera le tableau, une parallèle à
la ligne de terre, nous aurons la ligne d'horizon.

Comme vous le voyez, l'horizon n'est pas du tout ce que nous
désignons par ce mot dans le langage courant. En effet, on entend
d'ordinaire par ce terme la séparation du ciel et de la terre. Cette
séparation peut être sinueuse, si nous avons affaire à une montagne. Avons-nous affaire au contraire à des arbres, nous ne
savons pas au juste quelle est la ligne de démarcation qui se
forme mais qui sera évidemment fort complexe.

En perspective, en dessin, en art représentatif, l'horizon reste
une ligne absolument fictive qui, comme je vous l'indique, est la
trace, sur le tableau, du plan horizontal passant par l'œil.

Lorsque vous êtes devant un paysage et que vous voulez chercher

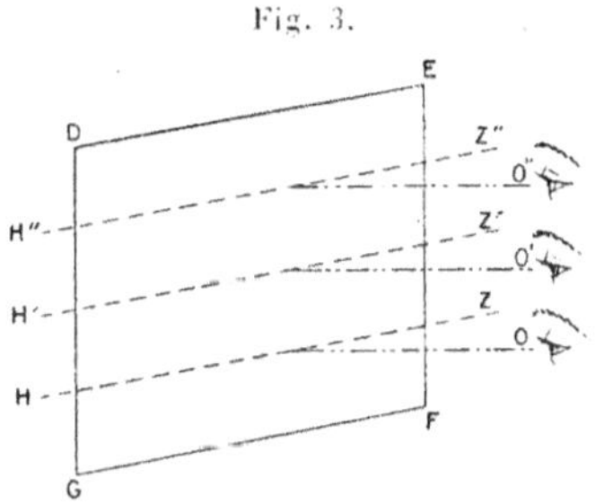

Fig. 3.

votre ligne d'horizon, rien n'est plus simple. Ouvrez votre porte-
feuille, prenez une carte de visite et placez-la horizontalement
devant vos yeux, de telle sorte que vous ne voyiez ni le dessus ni
le dessous, mais rien, absolument rien que la tranche de la carte.
A ce moment précis, notez par quels points du paysage passe
cette tranche. Vous aurez, en joignant ces points, votre ligne
d'horizon. J'appelle votre attention sur cette détermination de
l'horizon parce que, tout à l'heure, elle aura son importance.

Il est certain que, étant donnée la façon dont nous trouvons
l'horizon, cet horizon peut occuper des places tout à fait différentes dans un même tableau.

Sa place, en effet, dépend de la hauteur du point de vue au-dessus de la ligne de terre. Par conséquent, si nous avons, en O, le point de vue de l'homme assis sur un pliant devant un chevalet (*fig.* 3), son horizon se trouvera en HZ; si l'homme est debout, le point de vue en O', son horizon se trouvera plus haut en H'Z' et s'il est monté sur une élévation quelconque, son point de vue en O'', l'horizon se trouvera encore plus élevé en H''Z''.

Comme je vous l'annonçais, la place de l'horizon, c'est-à-dire de cette ligne tout à fait fictive sur un tableau, dépend absolument de la position du dessinateur.

Maintenant que vous connaissez les éléments de la perspective linéaire, il nous reste à voir quelles sont les conséquences qui en découlent. Ces conséquences sont :

1° Les points de fuite;

2° Le point de distance;

3° La déformation apparente des lignes.

Constituons un tableau et prenons une ligne oblique (*fig.* 4)

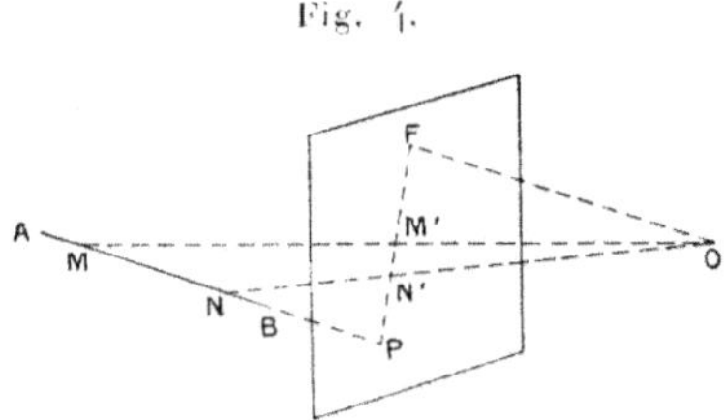

Fig. 4.

sur le plan de ce tableau, c'est-à-dire faisant un angle quelconque avec lui, excepté un angle droit. Nous allons appeler cette ligne AB, parce qu'il faut toujours constater l'état civil des gens et des choses. C'est un moyen de les reconnaître.

Soit notre point de vue en O. Si nous prolongeons la ligne AB, elle viendra percer le plan du tableau en un certain point P. De notre point de vue, menons maintenant une parallèle à cette ligne. Il arrivera que cette parallèle percera, elle aussi, le plan du tableau en un certain point F.

Or, si nous prenons un point N de la ligne AB, comment aurons-nous la perspective de ce point? Évidemment, en joignant le point de vue à ce point N et en prenant sur le tableau l'endroit où celui-ci sera percé; soit N'.

De la place de N', une première remarque résulte : notre ligne AB a percé le tableau en P; or, il se trouve qu'un point de cette ligne, pris du côté de l'infini, a sa perspective *entre* P et F.

Prenons un autre point M. Nous aurons sa perspective en M'. Je pourrais mener ainsi des lignes indéfiniment. Inutile. Nous voyons suffisamment que la perspective de M, qui est pris encore plus vers l'infini que N, se rapproche plus que N' du point F. Or le point F, c'est le point provenant d'une parallèle menée du point de vue à la ligne AB. Par conséquent, nous pouvons conclure facilement que, si nous prolongeons la ligne AB jusqu'à l'infini, le point de l'infini viendra se confondre justement avec le point F.

Il en résulte ceci : 1º toutes les lignes qui sont obliques à un tableau ont *un point de fuite;* 2º elles semblent fuir et elles fuient justement sur la parallèle qui leur est menée par le point de vue.

Si nous admettons le *postulatum d'Euclide*, à savoir que d'un point on ne peut mener qu'une seule parallèle à une droite donnée, nous voyons, dès maintenant, que toutes les obliques à un tableau qui seront parallèles entre elles auront *un seul et même* point de fuite. Voilà un premier point acquis.

Si nous faisons tourner notre oblique AB, il arrivera un moment où elle sera perpendiculaire au tableau. D'après ce que nous venons de constater, son point de fuite doit se trouver sur la parallèle qui lui sera menée par le point de vue. Cette parallèle est, nous le savons, une horizontale. Elle percera donc le tableau sur l'horizon. Nous voyons, en conséquence, que toutes les perpendiculaires au tableau, étant forcément parallèles entre elles, auront leur point de fuite sur l'horizon et l'auront en un point très spécial, déterminé par le pied de la perpendiculaire menée au tableau par le point de vue. Ce point de fuite, très spécial, se nomme *point principal de fuite.* Il a une telle importance qu'autrefois on le désignait improprement sous le nom de *point de vue,* parce que c'est de lui dont dépend absolument une grande partie de l'ensemble du tableau.

Puisque nous avons admis tout à l'heure la possibilité pour

l'opérateur de s'asseoir, de se tenir debout ou de monter sur quelque chose, et, par conséquent, de modifier à sa guise la hauteur de sa ligne d'horizon, nous pouvons admettre également qu'il lui est loisible de se déplacer parallèlement au plan du tableau. Dans ces variations de déplacement l'opérateur changera la place du point principal de fuite sur l'horizon (*fig.* 5).

Fig. 5.

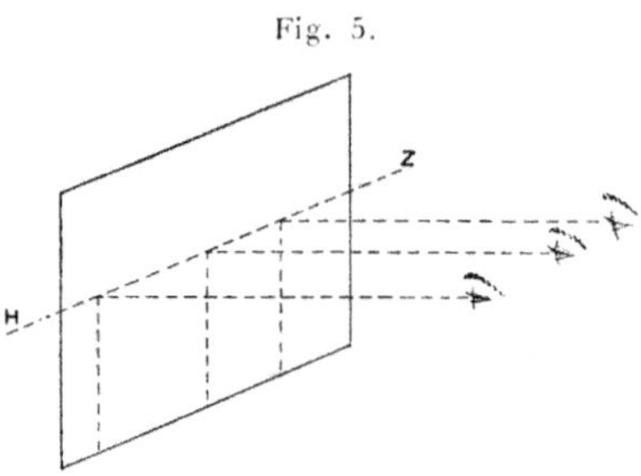

En d'autres termes, suivant que nous serons placés en face de notre tableau, au milieu, à droite ou à gauche de la ligne médiane, nous aurons un point principal de fuite soit au centre de la ligne d'horizon, soit à droite, soit à gauche de ce centre.

Il nous reste à voir le *point de distance.*

Soit MN (*fig.* 6) une ligne représentant le plan du tableau et

Fig. 6.

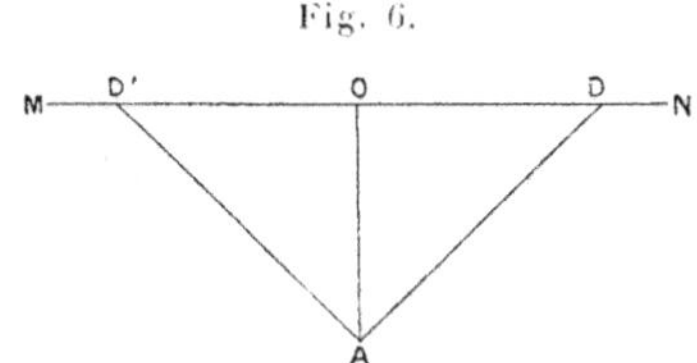

notre œil placé en A, la distance AO sera par conséquent celle qui séparera le tableau du point de vue, c'est-à-dire le tableau de l'opérateur ou du dessinateur.

Si nous menons par le point A une oblique AD inclinée à 45° et que nous en menions une autre AD′ de l'autre côté, nous avons $AOD + DAO = 90° + 45° = 135°$. Comme nous savons qu'en Géométrie la somme des angles d'un triangle est égale à deux droits, il ne reste plus pour ODA que 45°. En conséquence, le triangle AOD et de même le triangle AOD' sont isocèles. Nous avons les distances OD et OD' égales toutes les deux à AO. Ce qui revient à dire que le *point de distance* peut être déterminé par une longueur égale à la distance qui sépare l'opérateur du tableau et reportée à droite et à gauche du point principal de fuite. Voilà encore une définition.

Que devons-nous entendre maintenant par la *déformation apparente des lignes?*

De ce que nous venons de voir, il résulte que toutes les lignes paraissent déformées lorsqu'elles sont obliques ou perpendiculaires au tableau et qu'elles convergent vers un point de fuite. De plus, chose particulière et très typique, quand ces obliques sont inclinées à 45° sur le tableau, leur point de fuite se trouve au point de distance.

En conséquence, si nous avons un carré vu de front les diagonales de ce carré fuiront au point de distance, puisqu'elles fuient sur la ligne qui leur est parallèle en partant du point de vue, et que cette ligne, inclinée à 45°, détermine le point de distance.

Voyons maintenant les lignes verticales et les lignes horizontales.

Les *lignes verticales* resteront verticales. En effet, le tableau étant lui-même vertical, les verticales seront parallèles au tableau, n'auront pas de point de vue et ne pourront pas le rencontrer.

Il est certain que si nous avons plusieurs lignes verticales échelonnées, elles procéderont du phénomène de la grandeur apparente et deviendront plus petites au fur et à mesure qu'elles approcheront de l'horizon.

Quant aux *lignes horizontales,* qu'on nomme *lignes de front,* il est bien certain qu'elles procéderont du même phénomène. Étant horizontales au tableau elles resteront forcément horizontales, ne formant pas d'angle avec lui.

Voilà, résumées aussi brièvement que possible, les définitions primordiales de la perspective des peintres. Qu'en faisons-nous en Photographie et comment la Photographie se comporte-t-elle avec cette méthode de transformation?

Pour mieux nous en rendre compte nous allons reprendre, un à un et les uns après les autres, les éléments et les conséquences que nous venons de définir.

Pour nous, photographes, le *point de vue* c'est l'*objectif*. L'objectif a ceci de très particulier qu'il se rapproche bien plus de la fixité exigée dans la perspective que notre œil, constamment en mouvement, quoique nous en fassions.

Les peintres discutent souvent sur ce phénomène. A chaque instant, vous entendez un peintre vous dire : « Dans votre photographie, vous avez des montagnes, une plaine .... Jamais je n'ai vu des montagnes s'abaisser comme cela, une montagne est bien plus haute ! — Oui, mon cher monsieur, bien plus haute, c'est-à-dire que vous l'avez dessinée plus haute. — Mais, pas du tout, moi je la vois comme cela. — Certainement, mais si vous mettiez votre œil dans l'immobilité absolue qu'il devrait avoir pour vous fournir une perspective plus ou moins rigoureuse mais aussi rapprochée que possible de la réalité, vous verriez que la montagne de mon épreuve photographique serre de plus près la vérité que la vôtre. »

En effet, lorsque vous avez un paysage de montagne devant vous, comme je le disais tout à l'heure à propos du personnage que je vois ici au premier plan, vous regardez la montagne en changeant constamment votre point de vue de place. Vous changez même constamment votre horizon de place, sans vous en rendre compte. Évidemment, le peintre qui dessine prend son effet et ne s'occupe pas de la perspective au sens absolu de l'exactitude.

Les détracteurs de la Photographie disent à cela : « Soit, l'objectif reste fixe mais il a des défauts, des aberrations de toutes sortes. » Je leur répondrai, que sans avoir besoin d'aller consulter un oculiste, nos yeux ont à peu près ces mêmes défauts. Tant mieux pour ceux dont les yeux sont parfaitement constitués, mais si l'on examine bien les yeux en général on arrive à conclure qu'ils peuvent avoir tous les défauts d'un objectif, et la preuve c'est qu'on corrige ces défauts à l'aide de verres de lunettes lorsqu'ils se présentent par trop gênants pour la vision.

Nos objectifs modernes sont aujourd'hui corrigés et très suffi-samment corrigés, disons-le. Lorsqu'il s'agit de l'Art en Photo-

graphie, lorsqu'il s'agit de prendre un motif sous un certain angle
relativement petit, les défauts d'astigmatisme, de distorsion, et
tous autres défauts qu'on a reprochés longtemps aux objectifs sont
suffisamment corrigés maintenant pour ne plus nous gêner en
rien. Nous possédons aujourd'hui, de ce chef même, un point de
vue aussi bon que celui du peintre, surtout quand le peintre ne se
sert pas d'instruments spéciaux pour sa mise en perspective, ce
qui est généralement le cas.

Notre *tableau* c'est notre *plaque sensible*. Soit une ligne AB
placée devant la chambre noire (*fig.* 7). Les rayons émanant du

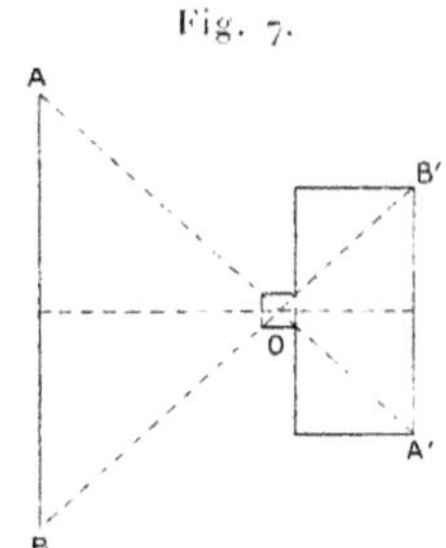

Fig. 7.

point A traverseront l'objectif O, donc notre point de vue, et iront
former leur image en A′. Les rayons émanant de B iront former
leur image en B′.

Cette image sera reçue d'abord par le verre dépoli qui joue ici
le rôle de notre rétine; ensuite sur la plaque sensible qu'on lui
substitue et qui, comme le pourpre rétinien, s'impressionnera.
Malheureusement notre plaque ne possède pas la sensibilité
exquise et à toutes les radiations du pourpre rétinien, et c'est
grand dommage.

L'image reçue et impressionnée est renversée. Les valeurs
seront également renversées. Les lumières formeront des noirs et
les noirs, des blancs. Mais si nous prenons notre plaque qui est
mobile, que nous la retournions dans le sens qu'il nous plaît et
qu'ensuite nous en tirions, par contact, une épreuve positive sur
verre, nous rétablirons les valeurs qui ont été primitivement renversées.

A ce moment, interposons notre photocopie positive entre le motif et notre objectif. Un simple tracé graphique nous prouvera que notre objectif, c'est-à-dire notre point de vue, voit exactement le motif à travers l'image qui le représente et que la photocopie positive demeure dans la donnée du *per specto* dont je vous parlais au début.

Par conséquent pour nous, photographes, le tableau c'est la plaque de la chambre noire, c'est le phototype négatif.

L'angle optique, c'est *l'angle de champ* de l'objectif puisque l'objectif est le point de vue et tient lieu pour nous de l'œil du dessinateur. Nous verrons plus loin, en discutant le point de distance, que cet angle optique reste compris entre 18° et 48°. Nous n'avons pas besoin, nous autres photographes, tendant à l'art, d'avoir des angles plus grands. Cela est complètement inutile pour notre travail. On peut s'en servir, au point de vue de la rapidité, et pour obtenir certains effets particuliers comme nous le remarquerons dans le courant de ces leçons. Mais, je le répète, ce n'est pas pour nous d'un intérêt primordial.

La *ligne de terre* nous arrive sans effort. L'angle de notre objectif va la chercher. C'est lui aussi qui détermine la ligne de ciel. Nous demeurons toujours dans les mêmes conditions qui régissent le peintre.

Quant à la *ligne d'horizon*, nous en sommes autant maîtres que le peintre. Si nous travaillons avec un appareil à main, nous pouvons nous asseoir, nous agenouiller, nous tenir debout ou monter sur quelque chose, tenant l'appareil soit à hauteur des yeux, soit à hauteur de la poitrine. Si nous travaillons avec une grande chambre noire, le pied nous servira pour la maintenir à telle hauteur que nous voudrons au-dessus du sol.

Voyons les *points de fuite*. Pour cela reprenons le tracé graphique de tout à l'heure. Nous avions une oblique AB (*fig.* 8) et une parallèle à cette oblique menée par le point de vue O et perçant le tableau en F. L'image étant renversée, nous aurons le même phénomène renversé, c'est-à-dire que tous les points que nous prendrons sur AB se rapprocheront de plus en plus du point F' correspondant à F. Donc sur notre phototype négatif, de même que sur le tableau du peintre, toutes les lignes obliques au tableau

auront pour points de fuite les parallèles menées par le centre de
l'objectif à ces obliques.

Il est certain que, si ce théorème est vrai, son corollaire reste
absolument exact, c'est-à-dire que toutes les lignes perpendicu-

Fig. 8.

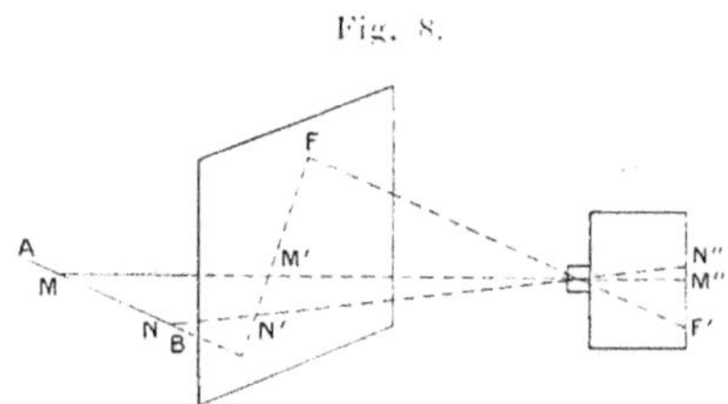

laires au tableau auront aussi leur même *point principal de fuite*
également sur la ligne d'horizon. Par conséquent, le photographe
est absolument maître, lui aussi, de son point principal de fuite.
Nous aurons à nous appesantir plus tard sur ce point principal
de fuite. Aujourd'hui nous sommes et nous devons rester à l'ABC.

Cependant, notons l'importance du choix du point principal de
fuite.

Voici par exemple un tableau, l'opérateur va prendre un premier point principal de fuite en P (*fig.* 9). Il a une route per-

Fig. 9.

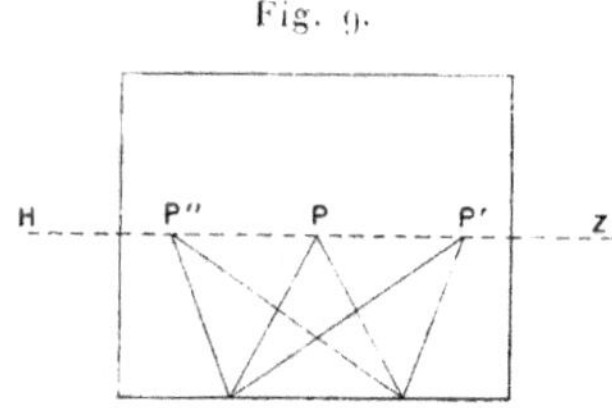

pendiculaire au tableau, de ces belles routes comme il arrive
quelquefois d'en rencontrer et qui sont bien parallèles. Ses deux
côtés convergeront en P. Déplaçons-nous, ou déplaçons simplement notre appareil *parallèlement au tableau,* notre point principal de fuite, pied de la perpendiculaire menée de l'objectif au

tableau, sera en P″. Vous voyez ce que fera notre route. Si, dans le premier cas, nous avons les deux côtés de la route à peu près semblables, avec les mêmes fuyants, ici nous avons sur le côté gauche un plus grand développement. Ce sera l'inverse si le point principal de fuite est pris en P‴. Il va donc de soi que, dans l'espèce, suivant le côté de la route que nous voudrons mettre en relief, nous devrons, par un déplacement parallèle au tableau, changer la place de notre point principal de fuite. L'indication sommaire que je vous présente vous prouve que, dans le cas pris pour exemple, nous aurions, avec un même motif, trois tableaux absolument différents. Donc le choix du point principal de fuite a une importance de premier ordre.

Je viens de dire *déplacement parallèle au tableau* et non *pivotement de l'appareil sur son pied*. Car alors les lignes que nous aurions de front avec le point principal de fuite deviendraient des obliques après le pivotement. Nous aurions un autre tableau, mais non modification du tableau primitif par le seul fait du changement du point principal de fuite.

Le *point de distance*, avons-nous dit, est constitué par la perpendiculaire menée du point de vue au tableau. Qu'est-il pour nous? Il sera constitué par la perpendiculaire menée de l'objectif à la glace dépolie : donc la distance du point nodal d'émergence de l'objectif à la plaque sensible, distance variable suivant la mise au point. L'étude du point de distance nous retiendrait très longtemps s'il s'agissait de vous exposer un cours de perspective complet sur les sujets photographiques. Nous ne l'envisageons qu'en ce qui concerne le paysage, puisque notre Cours est spécialement affecté à ce genre.

Lorsque nous trouvons un motif à prendre, un motif de paysage et que nous faisons emploi de chambre noire du format 13×18, dite *d'amateur*, nous nous mettons généralement à 20^m ou 25^m du premier plan.

Les objectifs destinés au format 13×18 présentent, en général, une distance focale principale de 20^{cm} à 25^{cm}. En opérant comme je vous l'indique, notre premier plan se trouve donc à une distance de l'objectif égale à *cent* fois la distance focale principale F. Or, nous savons que, pratiquement, il nous est permis de considérer une mise au point faite à 100F comme une mise au point faite sur l'infini. Donc le tirage de notre chambre noire, par conséquent notre distance, aura pour longueur la distance focale principale. C'est sur cette distance, à peu près immuable dans notre travail de paysagiste, que nous raisonnerons. En d'autres termes, nous ne considérerons que le foyer principal de l'objectif. Si, d'une même station et en nous tenant à une bonne distance du sujet, au point de vue de la perspective, distance que nous délimiterons tout à l'heure, nous prenons le même motif avec des objectifs de foyers différents, nous aurons des images nettement différentes, mais dans lesquelles cependant la perspective ne saurait être faussée, comme on le croit communément, puisque nous sommes restés à la station primitivement choisie comme donnant une bonne perspective.

Fig. 10.

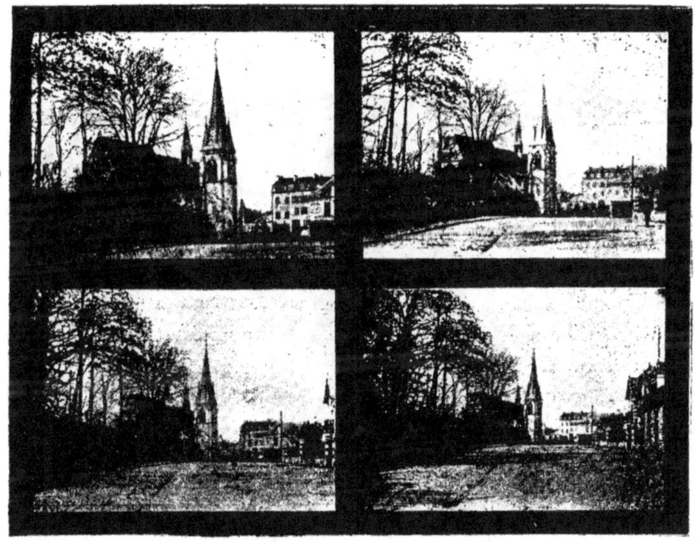

Dans ces conditions, j'ai exécuté, sur un 13 × 18, quatre vues d'un même sujet (*fig.* 10) avec quatre objectifs différents ayant respectivement, comme distance focale, 30^{cm}, 22^{cm}, 18^{cm}, 15^{cm}; c'est-à-dire : 1° la longueur de la vision distincte; 2° la longueur de la diagonale de la plaque; 3° la longueur du grand côté de cette même plaque; 4° une longueur inférieure à ce grand côté. Un clocher forme le sujet principal au centre de la plaque. De l'objectif au plus long foyer à l'objectif au plus court foyer, le clocher va diminuant en importance; alors l'on a, sur la plaque, plus de terrain, plus de ciel et, par conséquent, plus de paysage à droite et à gauche de la médiane. En un mot, plus le foyer diminue, plus il semble que mon motif soit pris de plus loin, bien que les quatre phototypes aient été obtenus du même point de station. La perspective en est-elle altérée? Nullement. Par agrandissements, en effet, si l'on ramène les clochers pris avec les objectifs de 22^{cm}, 18^{cm} et 15^{cm}, aux dimensions exactes de celui obtenu avec l'objectif de 30^{cm}, ils se montrent rigoureusement semblables, et les lignes de chacun d'eux procèdent de directions identiques.

Tout a changé lorsque j'ai voulu, en me rapprochant du clo-

Fig. 11.

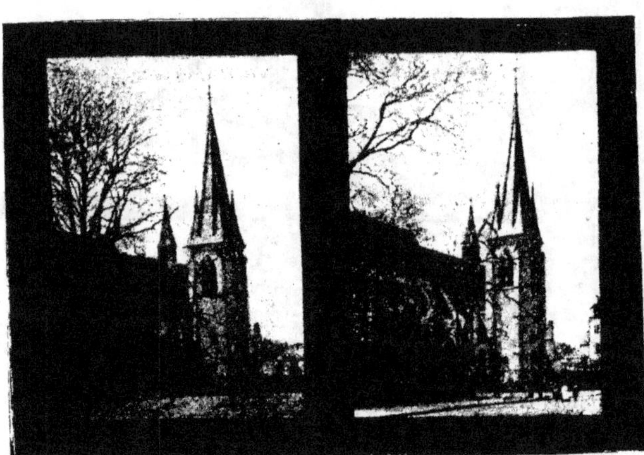

cher, obtenir, avec l'objectif de 15^{cm}, son image en même grandeur que celle obtenue avec l'objectif de 30^{cm}. Les lignes horizontales et obliques au tableau, par exemple, présentent (*fig.* 11) des déformations apparentes très accentuées. Cela se comprend, du reste, si vous vous rappelez ce que je vous ai dit, au sujet des horizontales obliques à 45° qui fuient au point de distance et en remarquant que, dans le cas de l'objectif de 15^{cm}, le point de distance est beaucoup plus rapproché du point principal de fuite que dans le cas de l'objectif de 30^{cm}.

Donc nous pouvons poser dès maintenant comme vérité : que le choix du foyer de l'objectif a, au point de vue de la perspective, une très grande importance. Nous verrons, dans un instant, en parlant de la *surface utilisable,* à quelles dimensions nous devons le limiter ; partant aussi, à quelles dimensions nous devons limiter notre point de distance. En attendant continuons l'examen des conséquences de la perspective.

Les *lignes verticales* resteront évidemment verticales, comme chez le peintre, si nous opérons dans des conditions normales.

Je me hâte de faire cette restriction, car nous voyons journellement des photocopies positives dans lesquelles les verticales de la nature ne sont plus du tout verticales.

Les verticales resteront verticales à la condition expresse que notre œil, c'est-à-dire notre objectif, sera bien placé, et pour qu'il soit bien placé il faut que notre chambre noire ait sa glace dépolie nettement verticale et l'axe principal de son objectif nettement horizontal.

Si, en effet, notre appareil n'est pas mis absolument d'aplomb, et se trouve placé dans une position inclinée par rapport au plan du tableau, qu'arrivera-t-il ? L'horizon sera au-dessus ou au-dessous de l'horizon normal.

Si nous surélevons l'horizon, le plan de notre plaque restera fatalement perpendiculaire à l'axe de l'objectif.

Que deviennent alors les verticales ? Forcément des obliques au nouveau plan du tableau. Or nous avons vu que les obliques au plan du tableau avaient un point de fuite et que ce point de fuite était situé au point de rencontre du tableau avec la parallèle menée à l'oblique par le point de vue. Soient HZ l'horizon vrai (*fig*. 12), AB la verticale de la nature, H'Z' l'horizon surélevé, TT' le nouveau plan du tableau et O le point de vue, c'est-à-dire, pour nous, notre objectif. Menons de O une parallèle A'B' à AB.

Elle viendra couper le tableau en un point quelconque, dans le haut. Donc, toutes les fois que votre appareil ne sera pas d'aplomb et aura son horizon surélevé, il arrivera ceci : toutes les verti-

Fig. 12.

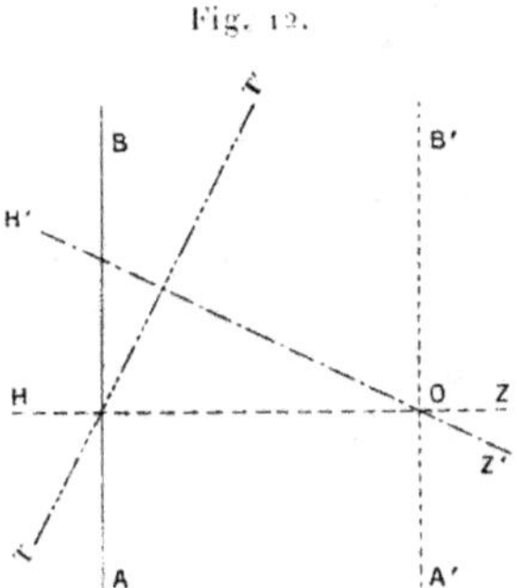

cales, au lieu d'être d'aplomb, sembleront converger vers un point de fuite situé dans le haut du tableau. Vous vous empresserez de vous écrier que le fabricant vous a volé, qu'il vous a fourni un objectif qui déforme ; il déforme, c'est certain, toutefois en vérité la faute n'est pas à l'objectif, mais à l'opérateur.

Au lieu de prendre notre horizon au-dessus de l'horizon vrai prenons-le en dessous. Nous voyons (*fig.* 13), en refaisant le rai-

Fig. 13.

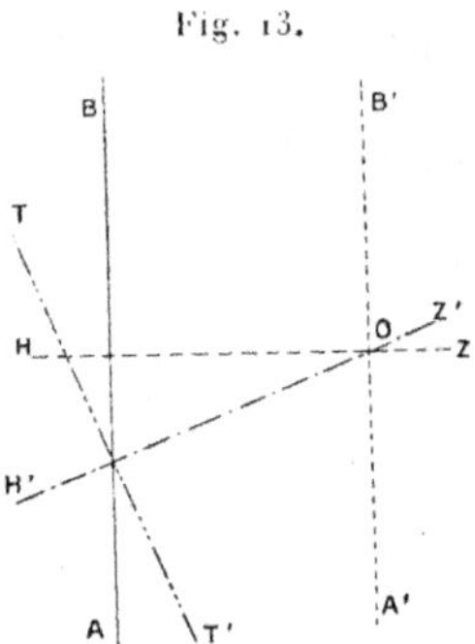

sonnement qui a servi au cas précédent, que nous aurons pour les verticales un point de fuite, et que ce point de fuite, vers lequel elles viennent converger, se trouve situé en dessous de l'horizon vrai.

Le cas des verticales fuyant vers le haut du tableau n'arrive que trop souvent, surtout avec les appareils à main, lorsque l'on prend une rue ou un monument élevé.

Celui des verticales fuyant vers le bas du tableau n'a guère lieu que lorsqu'on cherche à prendre, d'un étage plus ou moins élevé, une scène de rue. Ainsi, par exemple, lors de l'enterrement de Carnot, il m'est arrivé de vouloir prendre, d'un premier étage, le président de la République. J'avais en face de moi les arcades de la rue de Rivoli. Sur la photocopie positive ces arcades formaient comme les lames d'un éventail ouvert, autour de mon sujet. Tous les piliers allaient chercher leur point de fuite bien au-dessous du sol et sur une verticale passant par les pieds du président de la République alors M. Casimir-Périer. Auréole curieuse et bizarre.

Quant aux lignes de front, les *horizontales*, elles resteront toujours horizontales, du moment que l'opérateur tiendra le plan de sa plaque parallèle aux lignes de front de la nature.

Il va de soi, en effet, que dans le cas contraire la ligne de front deviendrait une oblique au tableau ; partant elle aurait un point de fuite, situé à droite ou à gauche du point principal de fuite, suivant que l'appareil aurait été obliqué dans un sens ou dans l'autre.

On tâche, le mal fait, de ramener, à la perspective exacte, des phototypes pris dans ces conditions défectueuses. Je crois que c'est à M. Selb, un amateur belge, que nous devons l'invention du procédé. Je n'ai jamais essayé de l'employer.

Je vais simplement vous l'indiquer. Il consiste à mettre son phototype négatif dans l'inclinaison où était la plaque lorsqu'on a opéré, puis de le reprendre, en vraie grandeur, à la chambre noire, en donnant à celle-ci une inclinaison semblable, mais en sens inverse. On peut, pour cela, construire un petit appareil spécial formé d'une caisse de bois rectangulaire, ayant en son centre une planchette, sur laquelle on visse l'objectif, et munie à ses extrémités de deux châssis pouvant basculer dans tous les sens : celui destiné à recevoir le phototype défectueux étant évidé, celui destiné à recevoir la plaque à impressionner étant comme

un châssis ordinaire de chambre noire. On aura une disposition
analogue à celle ci-dessous (*fig.* 14), et l'on obtiendra en A'B'
l'image de AB déformée en sens inverse, donc correctement réta-
blie comme si la chambre noire avait été primitivement tenue en
bonne position. Je le répète, je n'ai pas essayé cette méthode, je

Fig. 14.

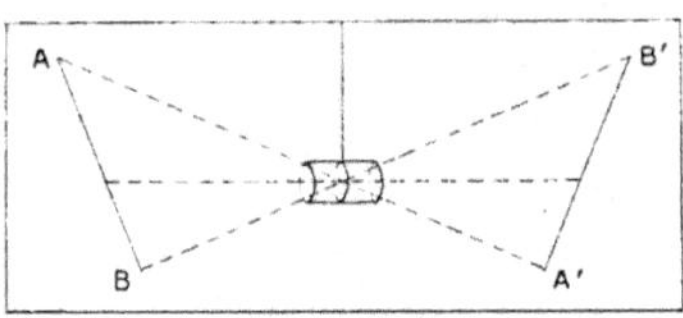

vous la donne donc pour ce qu'elle vaut. Elle me semble susceptible de fournir d'assez bons résultats. S'ils ne sont pas parfaits,
ils ne peuvent manquer néanmoins d'atténuer fortement la déformation.

Si les verticales se déforment par une mauvaise position de la
chambre noire, les routes, les plans inclinés se déformeront de la
même façon. Nous avons à en tenir compte, nous, paysagistes, au
point de vue des routes montantes ou descendantes; mais surtout
notre attention doit être attirée par les routes perpendiculaires au
tableau, que j'appellerai *planes* parce qu'elles participent immédiatement de la place occupée par la ligne d'horizon; or nous
avons vu, en effet, que les lignes perpendiculaires au tableau
venaient toutes au point principal de fuite situé sur l'horizon.
Si nous prenons un horizon trop élevé, les lignes délimitant la
route plane tendront à *se relever* pour monter vers l'horizon. La
route, au lieu de nous donner un sentiment de planitude, nous
communiquera un sentiment de montée.

On obtient un effet absolument inverse à celui que la route
devrait produire.

Si, dans le cas d'une route descendante, l'horizon est aussi
outrageusement surélevé on peut arriver à un effet de route plane.
J'irai plus loin en disant : même à un effet de route légèrement
montante.

La difficulté d'obtention est moins grande avec les routes montantes, parce que l'on est beaucoup moins porté, dans ce cas, à fausser l'aplomb de l'appareil en plongeant.

Toujours est-il que le moindre changement dans l'aplomb, alors que le premier plan est toujours situé à plusieurs mètres de l'appareil, produit un déplacement considérable de l'horizon et change du tout au tout la perspective du tableau. Je ne saurais donc trop vivement vous recommander, même dans le paysage sans constructions, de faire scrupuleusement emploi des niveaux à bulle d'air dont les chambres noires sont munies.

De tout ce que je viens de dire, il résulte que l'objectif nous fournit les mêmes conséquences perspectives que l'œil de l'artiste, de même qu'il nous a procuré les mêmes éléments perspectifs; j'ajouterai qu'il nous les fournit et nous les procure avec certains avantages.

Ceci constaté, envisageons la *surface utilisable* du tableau.

En peinture, les rhéteurs d'art, les physiciens, les peintres eux-mêmes ne me semblent guère d'accord sur la surface utilisable du tableau.

Si nous écoutons le physicien Lambert, par exemple, nous voyons qu'il délimite la surface utilisable à un carré (*fig.* 15).

Fig. 15.

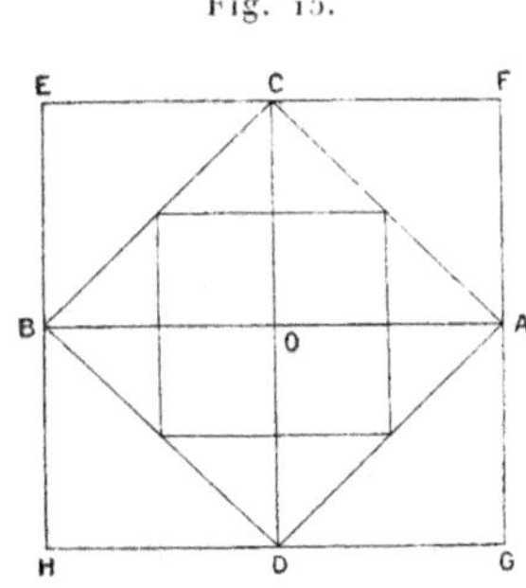

qu'il construit en mesurant sur une verticale et une horizontale, à droite et à gauche, en haut et en bas de leur point d'intersection O, des longueurs OA, OB, OC, OD, égales chacune à la distance du point de vue au tableau, et en construisant un carré EFGH dont ces perpendiculaires forment les médianes.

Donc, pour Lambert, la surface utilisable du tableau est en somme un carré possédant, comme longueur des côtés, le double de la distance. Or, pour nous, la distance, c'est la longueur focale principale de l'objectif. Donc le grand côté P de notre plaque pourrait être représenté par la formule $P = 2F$. La lettre F dénommant la longueur focale principale.

Je crois que Lambert ne considère pas cette règle comme tout à fait absolue : il y a déperdition sur la rétine dans les rayons obliques. La surface utilisable doit donc être plutôt le cercle inscrit dans le carré tel que nous venons de le constituer.

Prenons Brücke, qui s'est occupé aussi de la science du dessin.

Il se sert du carré de Lambert, seulement il joint les extrémités des médianes, forme ainsi un second carré ABCD, inscrit dès lors dans la circonférence inscrite dans le carré de Lambert. Est-ce ce nouveau carré qu'il considère comme constituant la surface utilisable? Aucunement. C'est le carré ou rectangle inscrit dans ce second carré. Si nous prenons le milieu des côtés du carré ABCD et que nous joignions ces milieux, nous formerons un nouveau carré, qui se trouvera avoir son côté égal à la moitié du carré de Lambert, soit alors égal à la distance du point de vue, ou, pour nous, égal à la longueur focale principale de notre objectif : ainsi, d'après Brücke, nous aurions $P = F$.

Ce que nous disent les physiciens et les savants a du bon, je n'en disconviens pas, mais dans l'espèce je crois qu'il est de première nécessité de tenir compte de l'avis des artistes qui s'occupent de sciences et en font l'application à leur métier.

Quel est l'avis des artistes? Dans son *Trattato della Pictura*, Léonard de Vinci nous apprend que le peintre, pour bien embrasser un sujet, pour bien l'avoir dans tout son ensemble, doit se tenir à une distance égale à trois fois la hauteur de ce sujet. Conséquemment notre formule devient $P = \dfrac{F}{3}$.

Résumant ces opinions nous avons $P = 2F$; $P = F$; $P = \dfrac{F}{3}$.

Franchement, c'est désolant! Notre surface utilisable ne me semble pas clairement déterminée; les écarts sont invraisemblables. Si nous prenons un objectif dont la longueur focale principale égale la vision normale, soit de 30^{cm}, notre surface utilisable sera suivant Lambert un carré de 60×60; suivant Brücke un carré de 30×30 et suivant Vinci un carré de 10×10.

Ne vous semble-t-il pas qu'il soit de première utilité que nous cherchions autre chose?

Reprenons le système de Léonard de Vinci : il est d'un peintre, ce qui m'en plaît. Avec lui nous pourrons peut-être nous en tirer. Léonard de Vinci admet la distance mesurée par *trois* fois la hauteur du sujet. D'autres peintres, et je crois Albert Dürer du nombre, soutiennent, eux, qu'il suffit au peintre de se mettre à *deux* fois la hauteur. Ces deux limites extrèmes retenues, munissons-nous d'un objectif ayant la longueur de la vision distincte comme longueur focale principale, soit 30^{cm}. Si nous opérons à *deux* fois notre formule deviendra $P = \dfrac{F}{2} = 15^{cm}$, donc notre surface utilisable sera 15×15.

Est-ce tout? Non. Nous voyons en réalité avec les deux yeux, c'est-à-dire avec la vision binoculaire. Le tableau sera donc vu non de O, comme par l'œil perspectif, mais de O′ par un œil et de O″ par l'autre œil (*fig.* 16). Donc, en dehors du tableau lui-

Fig. 16.

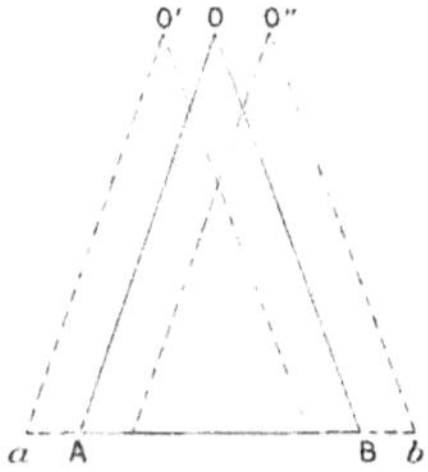

même AB, considéré en tenant compte des 15^{cm} précédemment trouvés, il y a une petite portion Aa qui pourra être vue par l'œil O′ et une autre portion Bb vue par l'autre œil O″. Ces deux portions, toutes les deux visibles, donc utilisables, forment l'écartement des yeux en vision normale : on évalue cet écartement à 7^{cm}. Il nous devient dès lors permis d'augmenter de 7^{cm} la valeur de P qui deviendra : $P = 15 + 7 = 22$; partant, la surface utilisable est dès lors 22 × 22. Sans grand effort nous pouvons donc aisément prendre la plaque photographique 18 × 24 dite *normale*.

Il pourrait se faire même qu'elle n'ait pas été dénommée *normale* pour une autre raison.

Nous avons évidemment 2^{cm} de plus. Qu'est-ce que c'est que 2^{cm} en trop? Les taquets et les bords des châssis gêneront l'image et feront qu'on réduira un peu l'épreuve au montage : donc nous n'avons pas à nous préoccuper de cette différence. Nous pouvons dès lors poser ce principe : notre véritable surface utilisable est une plaque normale 18 × 24 couverte par un objectif possédant 30^{cm} de distance focale principale. Si nous nous arrêtons un instant sur cette distance focale déterminée, nous constaterons que 30^{cm} sont justement la diagonale du rectangle 18 × 24. Cette remarque nous permet d'établir la règle suivante : *Les plaques coupées aux dimensions dites* photographiques *peuvent constituer la surface réellement utilisable du tableau lorsqu'elles sont couvertes par un objectif dont la distance focale est, au moins, égale à la diagonale de la plaque employée.*

En désignant par F cette distance focale, nous avons :

Pour la plaque 18 × 24 . . . . F = 300^{mm}

Pour la plaque 13 × 18 . . . . F = 222

Pour la plaque 9 × 12 . . . . F = 150

Pour la plaque 6,5 × 9 . . . . F = 110

qui sont les dimensions les plus courantes pour l'amateur.

Voilà une règle tout à fait spéciale au photographe.

Je la crois un peu neuve. Pourtant, avant l'instantanéité, les constructeurs semblaient s'y arrêter sciemment ou inconsciemment. Aujourd'hui, ils n'en tiennent guère compte. On désire faire vite; on ne vise qu'à l'instantanéité. Pour y atteindre au mieux, on raccourcit tant que l'on peut le foyer de l'objectif employé. Au point de vue artistique, on a rétrogradé d'un certain côté, mais aussi on a gagné d'un autre côté. L'instantanéité, en effet, nous permet de prendre des sujets en mouvement que nous n'avions pas avant cet état de choses, et l'instantanéité reste un excellent appoint à l'art.

Une question se pose : Comment devons-nous travailler pour employer *utilement* des objectifs dont la distance focale principale se montre inférieure à la diagonale de notre plaque?

Nous avons vu rapidement ce qui se passait, en parlant d'un clocher, pris d'une même station avec des objectifs de foyers différents. Reprenons cette étude, en tenant compte de la surface utilisable, qui, ne l'oublions pas, doit être 18×24 pour une vue normale, en d'autres termes pour la vision distincte limitée à la distance moyenne de 30^{cm}.

Soient AB l'image à reproduire, O un objectif de $F = 30^{cm}$ (*fig.* 17) : l'image de AB se formera en *ab*. Remplaçons au même

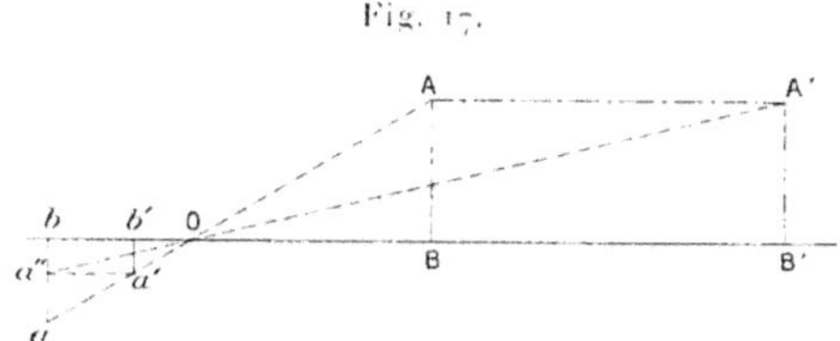

Fig. 17.

point de distance O l'objectif de $F = 30^{cm}$ par un objectif de $F' = 10^{cm}$. L'image de AB se formera en *a'b'*. Menons par *a'* une parallèle à l'axe de l'objectif jusqu'à sa rencontre en *a''* avec *ab*. L'examen des triangles semblables nous donne

$$\frac{Ob}{Ob'} = \frac{ab}{a'b'},$$

mais comme $a'b' = a''b$ nous avons

$$\frac{Ob}{Ob'} = \frac{ab}{a''b};$$

or nous avons supposé F, c'est-à-dire $Ob = 30^{cm}$ et F' soit $Ob' = 10^{cm}$; par conséquent

$$\frac{30}{10} = \frac{3}{1} = \frac{ab}{a''b},$$

d'où

$$ab = 3a''b$$

D'autre part, menons *a''*O jusqu'à sa rencontre avec la parallèle menée par A à l'axe de l'objectif et de ce point de rencontre abaissons sur l'axe la perpendiculaire $A'B'$.

Nous avons

$$\frac{Ob}{OB} = \frac{ab}{AB}$$

ou

$$Ob \times AB = OB \times ab,$$

et aussi

$$\frac{Ob}{OB'} = \frac{a''b}{A'B'},$$

ou

$$Ob \times A'B' = OB' \times a''b;$$

de par sa construction même $A'B' = AB$.

Les deux équations ayant un terme commun se résument donc en une seule

$$OB \times ab = OB' \times a''b;$$

remplaçons ab par sa valeur précédemment trouvée : $3a''b$; l'équation devient

$$OB \times 3a''b = OB' \times a''b;$$

supprimons le facteur commun $a''b$, il reste

$$3OB = OB'.$$

Par conséquent, dans l'exemple que nous avons choisi il se trouve que notre sujet, pris avec l'objectif à court foyer, semble être trois fois plus loin qu'il ne l'est en réalité. Or, lorsque nous nous servons d'un objectif à court foyer, et que, pour ne pas déformer la perspective, nous demeurons, comme je vous l'ai dit, à deux fois au moins la hauteur du motif du premier plan, l'image sera telle que si nous avions pris le sujet d'une distance plus grande, et nous fausserons la perspective en regardant cette image avec notre vision distincte de 30^{cm}. Mais, si nous ramenons $a''b$ aux dimensions de ab, en d'autres termes à la grandeur de l'image qui serait donnée par un objectif de $F = 30^{cm}$, nous récupérerons la perspective exactement. On peut, par conséquent, se servir dans de bonnes conditions d'un objectif à court foyer; seulement, dans ce cas, toute la plaque n'est pas surface utilisable.

Prenons une plaque 13×18 avec un foyer de 10^{cm}. La surface utilisable de la plaque 13 × 18 sera un rectangle pris en son centre et ayant 10^{cm} pour diagonale. L'image inscrite dans les limites de cette surface sera exactement la représentation réduite du motif que vous auriez obtenu avec un objectif de F = 30^{cm}. Agrandissons trois fois cette surface utilisable et nous aurons celle que nous avons prise comme type de l'image vue en perspective avec la vision distincte, c'est-à-dire la plaque normale 18 × 24 avec objectif de 30^{cm}.

Ce qui revient à dire que, avec un objectif de court foyer x, on ramènera l'image à sa bonne valeur en l'agrandissant dans le rapport de $\frac{30}{x}$, si l'on ne veut avoir qu'une épreuve faite pour être vue à la main, donc à la distance de la vision distincte.

Si notre image devait servir pour un relevé topographique, la formule ne serait pas tout à fait aussi simple : il faudrait faire intervenir d'autres données; mais nous ne visons, ne l'oublions pas, qu'à l'effet perspectif artistique, et la formule ainsi simplifiée nous suffit amplement.

Donc, pour nous autres, la perspective se récupère très bien par l'agrandissement, à la *condition absolue* de n'avoir jamais opéré à moins de *deux* fois la hauteur du sujet du premier plan, comme distance minimum, et à *trois* fois comme distance maximum.

Le photographe fait d'aussi bonne perspective que le peintre. Je dirai même de meilleure quand l'objectif est parfaitement corrigé puisqu'il constitue un œil unique tout à fait immuable.

Je terminerai en vous indiquant comment on peut utiliser les lignes perspectives pour bien *entrer* dans le tableau.

Devant une surface plane sur laquelle il n'y a rien, notre regard reste flottant, n'étant ni attiré ni retenu par un accident quelconque. Traçons-nous des lignes sur cette surface. Notre regard s'attache à ces lignes, les suit dans toute leur étendue, *pénètre dans* le tableau. Les lignes ont donc une grande importance pour aider notre regard à pénétrer dans telle ou telle partie du motif représenté sur une surface plane, pour former ce que je nomme : *l'entrée dans le tableau.*

En face d'un tableau quelconque, notre regard se dirige naturellement vers le motif principal du premier plan. Se trouve-t-il dans les parages immédiats de ce motif principal une ligne de fuite, une route par exemple, une route perpendiculaire au tableau, notre regard suivra machinalement la fuyante de cette route et entrera dans le tableau.

D'un seul coup, rien que par la ligne perspective de la route, il parcourra le motif de bout en bout. Cette entrée, toujours bonne, devient excellente quand elle reste unique.

Au lieu d'une fuyante de route, allant vers l'horizon, avons-nous deux lignes obliques, faisant angle proche la ligne de terre, l'entrée dans le tableau devient tout à fait défectueuse; notre regard ne sait quelle ligne suivre. Chacune le sollicite également et elles le jettent à droite et à gauche sans qu'il puisse pénétrer franchement dans le cœur même du motif.

Les lignes de front ne sont guère moins mauvaises. Nous en avons des exemples dans des murettes de quais ou de parapets. Le regard s'arrête devant cette muraille et s'en va à droite et à gauche; il n'entre pas. Met-on sur ce parapet un petit personnage, il peut retenir l'attention, mais il y a grand'chance que le regard n'aille pas au delà. Ce motif accidentel peut devenir un sujet de genre s'il est assez grand, mais nous ne serons plus alors en présence d'un paysage. Toutefois, l'entrée, tout en restant difficile, finira par se faire, s'il se trouve dans les environs du personnage des points de rappel susceptibles de reprendre le regard pour l'entraîner vers le point principal de fuite.

Les lignes de front ne sont bonnes pour l'entrée qu'autant qu'elles sont nombreuses et s'échelonnant vers l'horizon. Bien que la ligne de front seule constitue difficilement une bonne entrée, on la trouve souvent dans les œuvres photographiques, surtout sous la forme de ponts. On semble croire que les ouvertures des arches, et surtout que les lignes de base des piles, qui fuient au même point puisque ce sont des parallèles, doivent constituer une bonne entrée : il n'en est rien. Le regard, en effet, ne sait par quelle arche pénétrer, il hésite. L'hésitation, dans l'espèce, est toujours mauvaise.

Les lignes verticales nous fournissent de très bonnes entrées dans le tableau puisqu'elles s'échelonnent et vont se dégradant vers l'horizon en y entraînant notre regard. Elles sont bien courantes, bien sous la main. Les rues nous en présentent constamment. Dans les paysages purs et simples, les arbres des forêts et les allées des sous-bois nous offrent aussi d'excellentes entrées avec la verticalité approximative des arbres.

Reste à voir les entrées par les courbes, autrement dit par les lignes sinueuses.

Formées de lignes droites plus ou moins brisées, les sinueuses constituent des entrées très typiques, attendu que le regard, rebondissant sur chaque courbe, prend un élan nouveau pour aller vers l'horizon et, si la sinueuse, un sentier, par exemple, serpente dans tout le paysage, nous nous arrêterons à tous les détails que celui-ci peut nous offrir. Mais il faut éviter que la sinueuse se perde en sortant du tableau par un de ses bords. Notre regard la suivrait dans cette sortie et aurait peine à rentrer dans le tableau quand bien même la sinueuse y rentrerait. En revanche, la sinueuse se perd-elle dans le tableau même, par un accident du terrain, derrière une roche ou un bouquet d'arbres, notre regard continue à la suivre sans la voir. Notre esprit est invité à penser; or, comme nous le verrons ultérieurement, amener le spectateur à penser, faire une œuvre qui suggère quelque chose à son esprit, c'est atteindre le maximum de l'effet artistique.

Nous voici entrés, Mesdames, Messieurs, dans le tableau. Peut-être ai-je été un peu long, peut-être aussi pas très amusant avec ces lignes et cette perspective. Comme je vous le disais au début, il fallait absolument en passer par là; il fallait que nous apprissions l'ABC. Maintenant que nous sommes dans le tableau, nous tâcherons d'y rester, en étudiant le tableau en lui-même, en recherchant quelles sont les lignes qui doivent concourir à sa meilleure composition pour nous amener au plus près possible du beau et de la vérité artistique.

DEUXIÈME LEÇON.

COMPOSITION.

Art et nature. — Beauté optique et beauté poétique. — Simultanéité, liberté, unité. — Dominantes, opposantes, soutiens. — Place de l'horizon. — Divers points de règle. — Dimensions esthétiques par rapport au motif. — Premiers plans. — Coupe des épreuves.

MESDAMES, MESSIEURS,

La dernière fois, en terminant la première Leçon, nous sommes entrés dans le tableau par les lignes. Je vous ai dit que, puisque nous étions dans le tableau, nous y resterions pour chercher la meilleure composition des lignes au point de vue de l'art.

Il serait peut-être bon, avant d'examiner cette composition, de voir, tout d'abord, ce qu'est l'art.

Si nous nous en tenons à l'interprétation du vulgaire, nous savons que l'art est la représentation de la nature. A ce compte-là vous m'avouerez que le roi des artistes, ce devrait être le photographe : n'avons-nous pas vu, en effet, qu'avec notre chambre noire nous pouvions représenter admirablement la nature?

Pourtant, le photographe qui possède une chambre noire n'est guère plus artiste, avec cet instrument, que le collégien sortant de son collège ou que la pensionnaire sortant de son couvent et qui s'en vont l'un et l'autre barbouillant, peinturlurant, badigeonnant un éventail pour la fête de papa, de maman, de parrain ou de marraine. On n'achète pas le droit d'être artiste, on n'achète pas des aptitudes sensorielles en achetant une chambre noire; il y a donc certainement autre chose dans l'art que la représentation de la nature.

Faisons appel aux philosophes et aux psychologues, gens d'analyse, gens par conséquent habitués à formuler nettement leur pensée. Au XIXe siècle nous voyons un des derniers, je dis derniers parce qu'il est mort et que je fais abstraction des vivants, nous voyons Caro qui nous dit : « Le tableau est l'état d'âme d'un artiste. »

Remontons les siècles, arrêtons-nous à l'époque où l'on commençait déjà à formuler des règles d'art, nous rencontrons Bacon qui nous dit en latin : « L'art c'est l'homme qui s'ajoute à la nature. »

Remontons plus loin encore, allons jusqu'à l'antiquité, consultons les anthologies grecques et latines ; nous trouvons des poètes et des orateurs qui nous affirment « qu'une œuvre d'art, c'est une œuvre nous laissant deviner quelque chose ».

Nous voilà, à des époques très différentes, avec trois interprétations de la même pensée, qui, vous le voyez, reviennent un peu à la même conclusion, à savoir : que dans l'art il y a la représentation de la nature, mais autre chose encore et que cette autre chose est due à l'homme qui s'est ajouté à la nature, à l'opérateur, à l'artiste en un mot.

Il faut donc que l'œuvre d'art, tout en représentant la nature, satisfasse à d'autres conditions. En représentant purement la nature, elle satisfait à nos sens et à notre raison. D'après les philosophes et les psychologues que je viens de citer, elle doit satisfaire à un troisième point, point tout moral : il faut, en un mot, qu'elle satisfasse à notre intelligence. Voilà exactement les trois termes qui définissent l'œuvre d'art. Du moment que notre œuvre satisfera à ces trois termes, nous sommes pour ainsi dire certains qu'elle sera une œuvre d'art.

Prenons une œuvre d'art quelconque : quand je dis quelconque, je veux dire dans n'importe quel art ; prenons-la en peinture, en architecture, en musique, en littérature ; toujours, si c'est vraiment une œuvre d'art, elle nous fera éprouver une certaine sensation. Nous arrêtons-nous à cette sensation, nous constatons qu'elle nous est procurée par la satisfaction des sens, de la raison et de l'intelligence. Cette satisfaction agréable, ressentie en présence de tous les arts, semble commune à eux tous, et c'est ce qu'on nomme le *Beau*.

Dans l'art qui nous occupe, art représentatif, le Beau peut se diviser en deux parties : le beau optique s'adressant principalement à la ligne ou aux lignes; le beau poétique qui est dû à la juste pondération des ombres et des lumières.

Dans les salons de peinture, surtout dans les salons modernes, où nous avons beaucoup plus encore de réalistes que d'idéalistes, vous rencontrerez beaucoup d'artistes qui ne tiennent qu'à la beauté optique, c'est-à-dire à la ligne : d'autres qui se moquent un peu de la beauté optique et ne tiennent qu'à la beauté poétique : pourvu que la couleur chante, comme ils disent, que l'ensemble produise une certaine poésie à l'œil, ils sont satisfaits.

Il existe cependant une autre phalange d'artistes beaucoup plus nombreuse : elle ne se contente pas du beau optique ou du beau poétique; elle veut l'alliance des deux beautés.

Je crois que, nous autres photographes, nous devons être de cette phalange-là : d'abord parce que je l'estime la meilleure et parce que nos moyens de représentation sont en somme assez limités, puisque nous n'avons pas le choix des couleurs. Donc il faut que les photographes puissent allier à la fois la beauté poétique et la beauté optique.

La beauté optique est celle qui va nous occuper ce soir, ou du moins sa recherche par la composition puisqu'il s'agit de lignes : quant à la beauté poétique, celle qui est plus spéciale à la lumière, nous la traiterons dans la Leçon prochaine.

Pour composer des lignes et arriver à cette beauté optique, il faut évidemment que nous puissions *lire l'ensemble* de la nature ou du motif qui se présente dans la nature; il faut que nous ayons *la liberté* de pouvoir le traiter : voilà deux points spéciaux et très nets; ils constituent les deux premiers attributs de la beauté optique; sans eux il devient difficile d'y atteindre et même d'en approcher.

Lire l'ensemble, mais c'est ce que les peintres traduisent quelquefois par ces mots « savoir s'asseoir », ce que le peintre Corot exprimait quand il disait : « Moi je me promène, je vais, et puis quand je trouve un tableau ou un morceau de nature qui *m'empoigne*, je plante mon chevalet et je travaille. » Nous, quand nous verrons un morceau de nature qui nous *empoignera*, nous planterons notre trépied, nous monterons notre chambre noire par-dessus et nous essayerons de le photographier au mieux de nos moyens. Cet acte de lecture de l'ensemble est un acte purement psychologique : il s'appelle la *simultanéité*.

Cette simultanéité, nous l'avons absolument aussi bien que les peintres, aussi bien que n'importe quel artiste, désireux de faire une représentation de la nature.

La liberté, l'avons-nous? Oui et non. Il y a des limites avec la Photographie. Cependant, nous pouvons dire que nous avons de la liberté. La liberté consiste à augmenter ou à diminuer la valeur de la composition ou son ampleur. Or, sur la nature, nous avons une certaine liberté. Tout en risquant le procès-verbal du garde-champêtre, nous pouvons briser une branche, casser ceci, courber cela; enfin, dans une certaine limite toujours, nous avons encore la liberté d'arranger une partie de notre tableau et de son premier plan. Ce procédé est un procédé de soustraction.

Il y a aussi l'addition. Je vous montrerai, dans une des Leçons de ce Cours, qu'en fait de liberté, l'addition demeure Ce qu'il y a de moins difficile pour la Photographie. On peut ajouter; c'est déjà quelque chose. Comme l'addition, en somme, est la première opération des quatre règles, si nous avons déjà l'addition, et un peu de la soustraction, nous arriverons peut-être à avoir un jour la soustraction tout entière. Je n'en sais rien. Je l'espère, tous les travailleurs y aidant.

La simultanéité, je vous l'ai dit, c'est l'action de voir. Évidemment, il faut certaines aptitudes sensorielles pour pouvoir, lorsqu'on se trouve devant le grand tout de la nature, en détacher une certaine partie qui sera enfermée, emprisonnée, inscrite sur notre plaque, de même que le peintre l'a inscrite dans son tableau.

Il faut déjà une âme d'artiste, un sentiment d'artiste pour cela; cependant, sans avoir absolument ce sentiment d'artiste, en ayant du goût, on peut s'habituer à la simultanéité, on peut y arriver petit à petit. Il n'y a qu'à savoir s'y prendre en cherchant, par exemple, les moyens d'arriver soi-même, mécaniquement, à trouver ce petit tableau détaché de la nature.

A la rigueur l'instrument de M. Davanne, qui s'appelle le *foci-mètre*, pourrait parfaitement servir à cet usage.

Je vous ai expliqué, la dernière fois, que la surface utilisable
de notre tableau devait être une plaque dont l'objectif aurait pour
distance focale la diagonale de cette plaque. Or, prenons des fils
de fer et faisons un cadre CD (*fig*. 18) exactement de la grandeur
de notre plaque; ajoutons au milieu de sa base un autre fil de fer
droit AB mesurant exactement la diagonale du cadre; il repré-
sentera, par conséquent, la distance focale de notre objectif. A

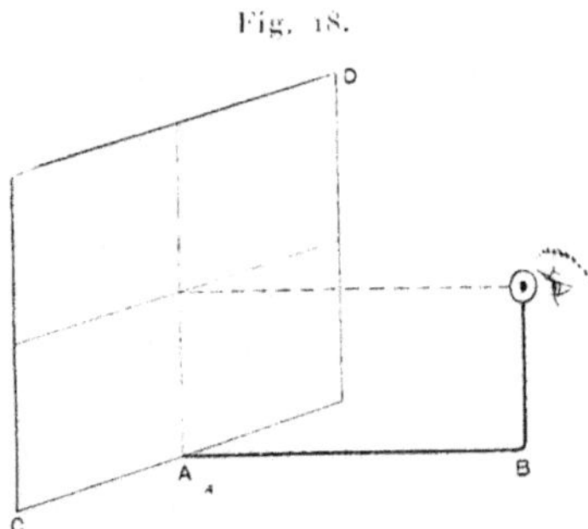

Fig. 18.

son extrémité libre recourbons-le à angle droit, et adaptons-y un
disque de métal quelconque percé d'un petit trou qui sera bien
en face de l'intersection de deux réticules, deux fils de soie tendus
sur le cadre et formant les médianes. Nous pourrons, à l'aide de
cet instrument, chercher à voir tout de suite quel sera le tableau
susceptible d'être détaché du grand tout de la nature en appli-
quant notre œil contre le trou et en lui donnant ainsi l'immobilité nécessaire à la perspective. Petit moyen, mais moyen
permettant d'arriver assez vite à l'acte de la simultanéité.

Quant à la liberté, si nous avons celle de soustraire, nous avons
certainement celle de nous placer et de nous bien placer. Nous
pouvons aller, venir, devant la nature, comme nous voudrons; c'est
à nous de chercher l'endroit où nous serons le mieux.

Mais nous placer, c'est inventer. Je ne prends pas *inventer* au
sens de créer, comme on le prend trop fréquemment maintenant.
Créer, c'est tirer du néant. Évidemment nous ne tirons rien du
néant. Inventer, c'est trouver par la force de son esprit. Or, nous
pouvons trouver, par la force de notre esprit, de nos aptitudes

sensorielles, un point quelconque qui nous mettra à même d'inventer notre tableau et de le voir dans son meilleur ensemble.

Du reste, l'invention par le déplacement est si vraie que je n'ai qu'à prendre dix d'entre vous, ne se connaissant pas, et à les amener sur le même terrain, devant le même paysage, l'un après l'autre — pas ensemble car ils choisiraient le même endroit et se réuniraient à la même place — et de leur dire : « Soyez donc assez aimable pour me photographier ce paysage. » Je suis certain d'avance que j'aurai dix photographies absolument différentes de ce paysage. Pas un, probablement, n'aura été se placer au même point de vue que son voisin.

La simultanéité et la liberté, ces deux attributs principaux du beau, étant à notre disposition, leurs corollaires, c'est-à-dire la *composition* et l'*expression*, nous sont déjà acquis. Au point de vue du paysage, nous pouvons peut-être admettre que la composition et l'expression se confondent. Nous n'avons pas, en effet dans les collines, ni dans les arbres, ni dans les terrains, ni dans les eaux, d'effets de muscles et de nerfs qui viennent changer l'expression. L'expression est à peu de chose près ce que donne la composition des lignes. Ces deux termes, au point de vue paysage, se confondent presque. Toutefois, ils sont liés, intimement liés, à une loi dont il ne faut jamais, sous aucun prétexte, se départir. J'ai nommé la loi d'*unité*.

Je vous disais, dans ma première Leçon, qu'en établissant des règles et des lois, elles étaient faites quelquefois pour être un peu violées. Vous savez que les plus malins au point de vue criminel sont ceux qui connaissent admirablement leur Code, parce qu'ils savent très bien jusqu'où ils peuvent aller, sans tomber directement sous le coup de la loi. Voulons-nous violer une règle d'art établie? Apprenons d'abord à la très bien connaître, nous saurons alors comment et jusqu'à quel point nous pouvons aller dans notre viol. Néanmoins, j'insiste, *la loi d'unité ne doit jamais être violée*.

Vous vous souvenez qu'à propos de la littérature du xviie siècle on nous a dit et fait remarquer la loi superbe des trois unités chez Corneille et Racine : l'unité de temps, l'unité de lieu, l'unité d'action. Aujourd'hui nos dramatuges savent très bien s'en départir. Le jour où Victor Hugo a donné un grand coup de poing dans cette trilogie, tout a changé, au moins pour deux unités; il en est toujours resté une cependant, l'unité d'action : c'est la loi d'unité dont on ne peut se départir. En tout art, il faut une loi d'unité.

Supposons que nous montions un beau soir d'été sur le haut d'une falaise auprès de la mer et que nous contemplions les vagues, le ciel, ce qui est devant nous. Nous verrons (*fig.* 19) la mer retirée et calme; le soleil qui va disparaître dans les brumes du couchant, où déjà son disque est fortement rongé. Au-dessus, des zones de lumière et, au-dessus, des zones d'ombre.

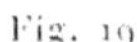

Fig. 19.

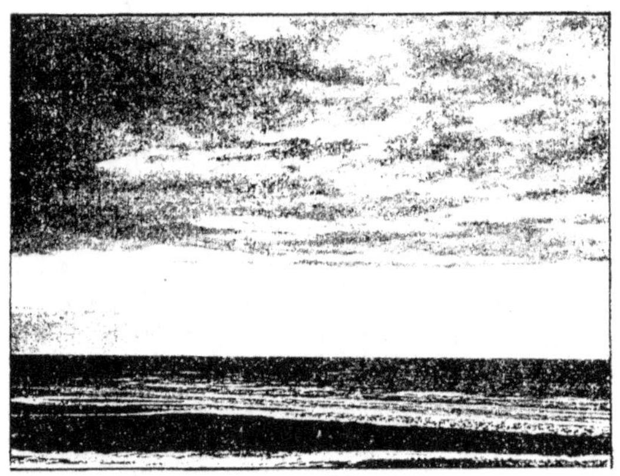

Soleil couchant en mer.

En face d'un tel paysage, en dehors des éblouissements et des harmonies de la couleur, quel est le sentiment que vous éprouvez? N'est-ce pas un sentiment de parfaite tranquillité, un sentiment de repos?

Ce sentiment de repos, tâchons de l'analyser en voyant comment est composé un tel tableau. Si nous l'examinons attentivement, nous remarquons qu'il ne se compose absolument que de lignes horizontales. Les eaux avec leurs vagues : horizontales; les bandes de brumes à l'horizon : horizontales; dans le ciel les bandes de nuages qui tout à l'heure vont former la nuit : également horizontales.

Il en résulte donc que l'*horizontale* exprime l'étendue infinie en même temps que le calme et le repos. Une composition en lignes horizontales doit s'allier justement avec le sentiment de calme et de repos. Voilà l'*unité* dont je vous parlais : alliance des lignes composantes et du sentiment exprimé.

Or nous possédons trois espèces de lignes, ainsi que nous l'avons vu la dernière fois, dans la perspective, ou du moins nous pouvons ramener tout à trois lignes principales : la verticale, l'horizontale et l'oblique.

Procédons dans l'ordre de cette énumération.

Il suffit donc de voir, pour bien composer notre tableau, quelle est la pensée dominante de la verticale, celle qui doit aller avec elle. Mais nous la connaissons puisque nous la pratiquons journellement, que nous l'avons journellement sous les yeux. Je vous rappellerai à son sujet une phrase de Chateaubriand : je crois l'avoir lue, il me semble bien, dans l'*Itinéraire de Paris à Jérusalem;* elle dit : « Dans cette plaine un peuplier s'élevait comme une grande pensée. » Ainsi le poète, l'écrivain voit dans le peuplier l'élévation d'une pensée. C'est tellement vrai et tellement juste que les architectes, je parle d'architectes français, qui nous ont donné cet art magnifique qu'on a revêtu d'un nom pas français du tout : l'*art gothique,* ont eu soin de porter cette verticale à son maximum d'emploi. Cherchant à imiter les grandes forêts, les grandes futaies, où notre esprit est inéluctablement appelé à penser, ils ont créé, pour nos cathédrales les colonnettes multipliées. Ce désir d'élévation de la pensée, donc de la prière, a été augmenté encore par l'ogive.

Par conséquent, avec la verticale nous aurons une pensée dominante : l'élévation. Mais il faut que cette verticale se tienne debout, qu'elle ait des appuis; ce que nous appelons des *opposantes.* La verticale a son opposante toute naturelle dans le sol, c'est-à-dire dans l'horizontale. Elle lui forme assise. Dans la nature, elle l'a encore autrement.

Une allée, avec des arbres complètement ébranchés et émondés, nous communiquerait un certain sentiment de lassitude, de monotonie. Si les ramures viennent la hacher de petites lignes, beaucoup plus petites que la verticale, et en sens divers, elles soutiendront et augmenteront encore l'effet de verticalité sans nous donner de monotonie.

La nature, cette grande maîtresse artiste à laquelle il faut toujours avoir recours, nous fournit l'expression de l'élévation dans le peuplier, maximum de la verticale chez elle, mais elle a bien soin de ne pas lui laisser un tronc tout droit, sans rien absolument; à cette immense baguette elle a mis des branches, comme à bien d'autres arbres qui expriment la verticalité la plus absolue. Si notre pensée s'élève devant ce peuplier, elle ne s'élève pas tout droit, brusquement, mais en se ramifiant pour s'en aller plus nourrie vers le ciel.

Toute dominante d'un tableau doit donc avoir, au moins, une opposante qui la soutienne ou qui lui donne de la force. J'entends par lui donner de la force qu'elle augmente sa valeur intrinsèque ou l'idée qu'elle exprime.

Nous venons de voir l'horizontale dans l'exemple choisi pour l'unité. Or, dans l'horizontale, l'opposante serait, je crois, la verticale. La verticale, avec une dominante horizontale, augmente la puissance et l'effet d'une façon considérable.

Par exemple, si nous avons un tableau avec une dominante horizontale, une marine pure et simple : ciel, eau, grève, et que nous y mettions une verticale, un personnage debout, si petit soit-il, nous augmenterons déjà la valeur de l'effet parce que le personnage debout, dont nous connaissons la hauteur naturelle, nous donnera une proportion, une échelle. Plusieurs verticales inégales augmenteront ainsi le sentiment d'étendue que nous donne notre marine pure et simple; ce sentiment sera d'autant plus grand que la ligne opposante se trouvera plus loin du point principal de fuite, donc plus à l'avant-plan.

Je n'insisterai pas davantage sur les opposantes de la dominante verticale et de la dominante horizontale; elles nous sont absolument connues : nous les coudoyons tous les jours. La dominante verticale dans les rues partout où il y a des monuments, constamment opposée par les lignes mêmes de ceux-ci; la dominante horizontale, dans les plaines, au bord de la mer où nous la trou-

vons toujours plus ou moins avec des arbres ou des bouts de
falaise; elle est donc aussi constamment opposée.

Mais nous avons notre troisième ligne, l'oblique. Cette dominante, nous la connaissons moins bien, nous avons plus besoin de
chercher le moyen de lui donner des opposantes.

La dominante oblique qu'exprime-t-elle? C'est bien simple : vous
n'avez qu'à la suivre; tout est là. Les lignes sont faites pour être

Fig. 20.

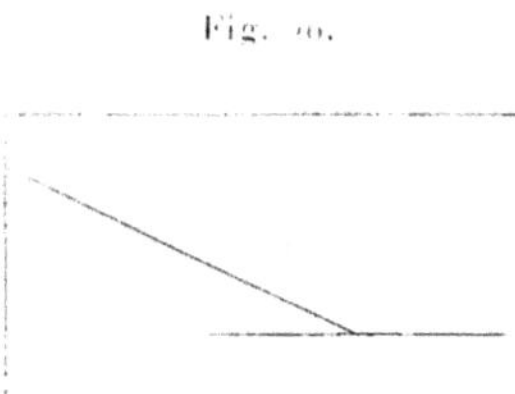

suivies. C'est en les suivant qu'on se rend compte absolument de
leur effet. La dominante oblique exprime évidemment un glissement, une chute, un affaissement. Il faudra donc que nous la sou-
tenions; sans cela, elle tomberait et ferait tomber notre tableau.
Nous avons l'horizontale pour la soutenir (*fig*. 20). Mais cette

Fig. 21.

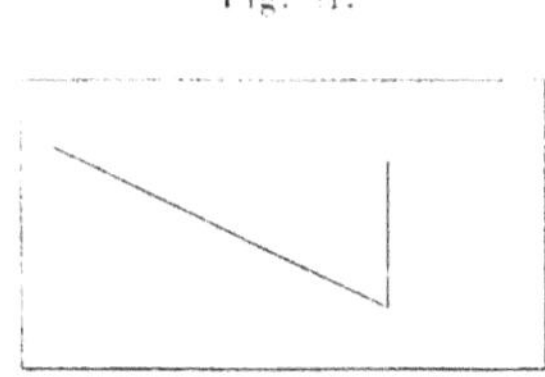

horizontale quelle est la valeur de son effet? Elle retiendra la
chute, soit, mais la chute n'en existera pas moins. Ce sera l'affaissement à son point d'arrêt. Au lieu de l'horizontale, prenons la
verticale (*fig*. 21). Il y aura chute moins complète, arrêt plus
brusque, même une idée de relèvement. Le but à atteindre peut
donc quelquefois être dépassé par l'emploi de l'opposante ver-

ticale. Comment donc supprimer le glissement sans le détruire d'une façon absolue? Par une opposante qui sera de même nature

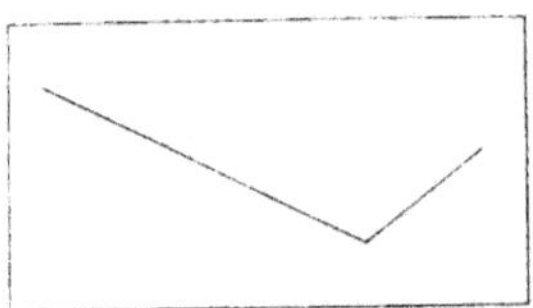

Fig. 22.

que la dominante; par une oblique (*fig.* 22), mais une oblique d'une valeur moins grande et contraire.

Cette oblique peut être placée différemment; en V droit comme dans une gorge de montagne, ou en V renversé comme dans les arêtes des montagnes (*fig.* 23).

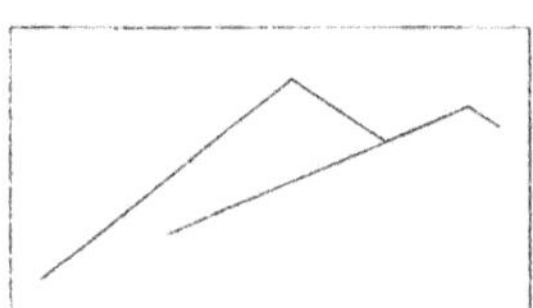

Fig. 23.

Vous voyez, Mesdames et Messieurs, qu'il faut absolument avoir une opposante à une dominante. La maîtresse artiste, la nature, met partout des opposantes. Alors vous allez me demander pourquoi je suis ici à essayer de vous indiquer qu'il en faut puisque la nature en met. C'est vrai. Seulement si la nature en met dans son grand tableau, nous, à moins de faire un panorama, nous ne prenons pas le grand tableau ouvert de la nature, mais une certaine partie seulement. Or il peut parfaitement se faire, pour ne pas dire toujours, que la dominante de notre tableau, qui peut être la dominante de la nature, n'ait justement pas son opposante dans la partie que nous prenons. Cette opposante peut rester plus loin : en dehors, en dessus ou en dessous. C'est donc à nous à rechercher soit un arbre, soit un personnage quelconque qui vienne équilibrer notre dominante oblique et l'arrêter dans sa chute.

Cherchons et soignons nos opposantes puisque, comme je vous l'ai dit, le choix de la dominante d'un tableau concourt à l'effet général, à l'idée qu'il peut suggérer. N'oublions pas que, si nous voulons faire œuvre d'art, il faut suggérer une idée, il faut qu'une idée naisse de notre tableau. Or une idée peut naître du simple choix des lignes.

Supposons que vous ayez à représenter artistiquement un coin de rempart. Il faudra dès lors lui faire exprimer quelque chose. Vos lignes elles-mêmes vous serviront, dans une certaine mesure.

Voulez-vous faire exprimer à votre rempart la solidité contre les assauts, contre les attaques? Voulez-vous un rempart neuf, bien solide, difficile à prendre? Évidemment vous ferez appel à la ligne verticale. Vous réunirez surtout dans votre œuvre des lignes verticales, avec une bonne assise sur des horizontales.

Voulez-vous, au contraire, nous donner un coin de rempart ruiné, une vieille tour quelconque du moyen âge, qui ne tient plus debout, qui s'en va s'effritant, qui n'attend plus que la pioche du démolisseur et la charrette pour enlever ses cailloux? Vous ferez certainement appel à la dominante oblique allant sur le sol, n'ayant d'autre opposante que lui, donc une oblique s'affaissant toujours. Glissement ralenti, mais continu.

Voulez-vous, au contraire, exprimer l'idée d'un rempart se soutenant, ayant encore une certaine solidité, ou voulant avoir l'air d'en avoir? À côté de la dominante qui glisse, qui montre l'affaissement, vous viendrez mettre, suivant la valeur de l'idée à exprimer, une verticale. A côté de la tour affaissée, de murs écroulés, du glissement général, vous mettrez une petite tour qui se dressera au milieu des débris.

Voilà, d'une façon assez simple et assez saisissante, je crois, le moyen de faire exprimer quelque chose à vos lignes, et un quelque chose sensible pour le spectateur qui regarde le tableau.

Si la dominante a son importance comme choix, ce choix de la dominante impose absolument la dimension ou, du moins, la bordure du tableau.

Avec une dominante verticale, vous devez quand même avoir

un tableau en hauteur. Avec une dominante horizontale, vous devez avoir un tableau en largeur. Petits moyens, mais petits moyens dont vous ne pouvez vous défendre. En les négligeant vous détruiriez complètement l'effet de votre tableau.

Avec la dominante oblique, comme elle est oblique dans tous les cas, vous avez votre tableau aussi bien en hauteur qu'en largeur. Cela dépend du motif représenté.

La bordure ainsi choisie, suivant le choix de la dominante, viendra aider cette dominante puisqu'elle sera en hauteur dans la verticale et en largeur dans l'horizontale. La dominante a encore d'autres aides dans les *rappels* et les *répétitions*.

Les rappels, lignes dans le même sens que la dominante mais de moindre importance, sont de légères accentuations : il ne faut pas les dédaigner ; au contraire, nous devons les rechercher.

Dans la prochaine Leçon, à propos de la lumière et de la tonalité nous trouverons aussi des rappels qui nous serviront là encore bien plus que les rappels de lignes.

La répétition est, en somme, un rappel, mais un rappel plus accentué, en ce sens que la répétition peut être de même valeur et de même grandeur que l'objet qu'elle répète. Par cela même, on doit se garder de faire abus des répétitions.

On laisserait tout le poids du tableau sur la dominante : défaut grave, car il peut faire naître la monotonie et il rend généralement le tableau d'une lecture difficile.

Un tableau, n'importe lequel, mais surtout s'il est une œuvre d'art, demande à être lu tout de suite, d'un seul coup. Quand on lit un tableau tout de suite, il y a des chances que ce soit déjà une œuvre marquante.

Depuis longtemps on l'a dit, et les dames le savent très bien : la simplicité atteint au plus près du beau. Il faut donc, dans votre tableau, arriver à la simplicité la plus grande possible. Je vous garantis que vous approcherez ainsi beaucoup plus près du beau que si vous avez un fouillis énorme et que vous soyez obligés d'aller chercher inutilement par où entrer, même en admettant que vous ayez ménagé une entrée.

Pour apprendre à lire un tableau, il y a ce que j'appellerai l'*analyse diagrammétrique*. Si vous pouvez analyser votre tableau diagrammétriquement. c'est-à-dire en quelques traits simples, vous pouvez être sûr qu'il sera bon. Ce n'est pas une mauvaise chose lorsque vous vous trouvez devant la nature, au moment même où vous faites acte de simultanéité, d'analyser diagrammétriquement ce que vous avez devant vous.

Sans être un grand clerc en dessin, vous pouvez avoir dans votre poche un carnet et un crayon, et essayer de définir votre motif avec une demi-douzaine de lignes simples au plus. Si le motif s'analyse bien nettement ainsi, vous pouvez opérer, avec la certitude de ne pas faire quelque chose d'absolument mauvais.

Voilà ce que j'entends par analyse diagrammétrique.

Maintenant, dans notre dernière Leçon, nous avons vu que les perpendiculaires au tableau, les horizontales, de même que les lignes inclinées à 45° sur le tableau, fuyaient, les unes, les horizontales, au point principal de fuite, les autres, les lignes inclinées à 45°, au point de distance. Si ces lignes fuient ainsi vers l'horizon, il y a donc un intérêt primordial à choisir la place de cet horizon. Il est certain, en effet, que s'il se trouve à une place plutôt qu'à une autre le tableau sera bien différent. Or, nous avons vu la dernière fois que nous étions libres de le placer comme bon nous semblait, que nous avions la liberté absolue de le mettre en bas, au centre ou en haut de notre tableau.

Voici, par exemple (*fig.* 24), deux tableaux juxtaposés, A et B : sur chacun est un bâtiment, une fabrique quelconque, un mur isolé M, perpendiculaire au tableau. En A, notre ligne d'horizon est représentée par HZ. Le mur étant perpendiculaire au tableau, nous savons que les lignes de base et de crête convergent au point principal de fuite P.

En B, notre horizon est placé en H'Z'. Les lignes de base et de crête convergent en P', point principal de fuite, pris dans les mêmes conditions que P. Un simple coup d'œil suffit à montrer quelle différence considérable il y aura dans l'aspect du même mur, suivant que l'horizon est en HZ ou en H'Z', c'est-à-dire en bas ou en haut du tableau.

Par conséquent, cette place joue dans la composition un rôle important. Je ne saurais trop vraiment vous recommander d'y faire attention. Mais, me direz-vous, où place-t-on l'horizon, comment doit-on le placer? Si nous prenons en considération, et c'est ce que nous devons toujours faire, les œuvres des maîtres en peinture, nous voyons qu'en général ces maîtres placent l'horizon, dans les champs très plats comme la Beauce ou dans les marines, au quart du tableau, en partant de la base et, pour les paysages ordinaires, au tiers. Dans ces conditions-là les lignes fuyantes ne sont pas désagréables à notre œil. Elles restent à peu

Fig. 24.

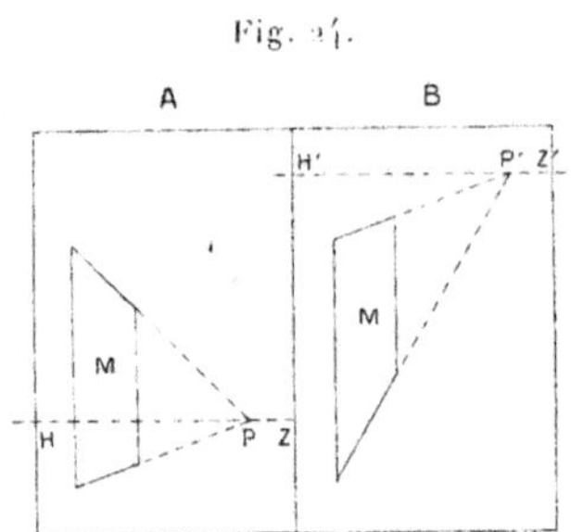

près comme elles se montrent d'ordinaire à l'œil d'un spectateur de taille moyenne habitué à les voir journellement.

Je sais bien que ce n'est pas toujours ce qu'on fait. La raison? Elle en est simple : en Photographie, on obtient trop souvent des ciels absolument blancs, et alors on monte autant que l'on peut son terrain pour garder le moins de ciel possible sur la photocopie. Mieux vaut chercher à obtenir le ciel. Nous verrons au cours de ces Leçons que cette obtention n'est pas aussi insurmontable qu'on veut bien le dire.

Cette place de l'horizon aux hauteurs que je viens d'indiquer constitue un *point de règle*. Ce n'est pas le seul point de règle que nous ayons en esthétique générale. Nous en avons beaucoup d'autres. Parmi eux il s'en trouve deux principaux. On les nomme le *point fort* et le *point faible*.

J'appelle votre attention sur le point faible. Si faible qu'il soit, c'est le chéri de tous les débutants en Photographie. Ce point faible, c'est le centre du tableau. Or il est à remarquer que sur cinquante photographies que vous verrez, il y en aura au

moins quarante-neuf où l'opérateur aura placé son sujet principal
au centre du tableau. Je parle ici du paysage. Si nous avions à
apprécier des figures, je ne serais pas aussi absolu sur la faiblesse
du point central. Très souvent, en effet, dans le cas du portrait,
le centre du tableau n'est pas un point faible, mais au contraire
un point fort. Aujourd'hui nous devons envisager le paysage
seulement.

Si je prends un tableau (*fig.* 25) et que je trace deux médianes AB, CD, elles se couperont en un point O qui sera exactement le centre du tableau. Prenons une valeur quelconque sur
la ligne AB : tant qu'elle y restera elle sera comme une danseuse

Fig. 25.

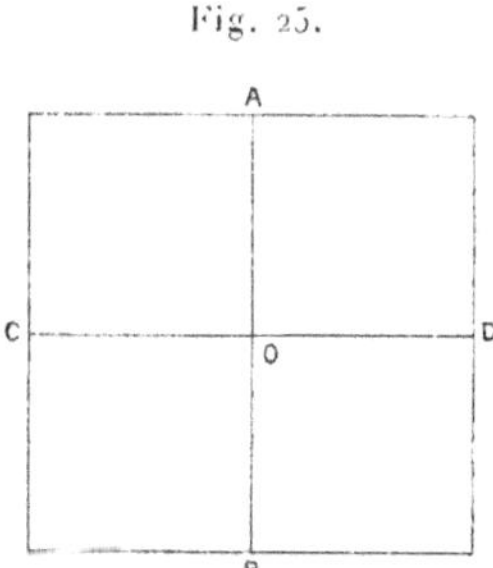

sur la corde raide et ne tombera ni à droite ni à gauche, parce
que notre œil en allant à cette valeur se trouve également sollicité
par la distance égale qui la sépare de chacune des bordures du
tableau et va droit devant lui. Il y a équilibre.

Prenons la même valeur sur la ligne CD : tant qu'elle continuera sa marche de D en C, elle sera exactement dans la même
situation que la valeur prise sur AB, c'est-à-dire qu'elle sera tenue
parfaitement en équilibre par notre regard qui embrassera, en
haut et en bas, deux parties égales.

Le point O, intersection des deux médianes, donc commun à
elles deux, se trouve à une distance parfaitement égale des quatre
bordures du tableau. C'est le point le plus exactement en équilibre du tableau. Notre regard, attiré vers lui y reste et ne voit
plus rien de ce qui est autour. Il y a donc faiblesse à placer le

sujet principal sur ce point, puisque ce sujet nous empêchera de voir le restant du motif. Il va de soi que si les points faibles sont ceux qui sont trop fortement équilibrés nous aurons des points forts en cherchant des points dans un équilibre moindre.

En divisant notre tableau en parties égales, nous rencontrerions encore des points faibles, l'équilibre se ferait par la bordure et par le centre.

Pour détruire l'équilibre, donc avoir des points forts, il faut diviser le tableau par parties inégales. Je crois que c'est à Howard qu'on doit la première observation de ce fait. Il a un caractère assez intéressant dans la pratique.

Divisons, par exemple, notre tableau en neuf parties. Tous les

Fig. 26.

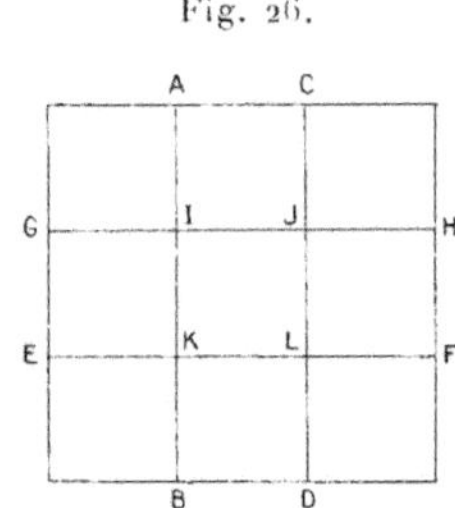

points qui seront sur l'une de ces divisions se trouveront à une distance très inégale de la bordure. Ils perdront leur équilibre et deviendront, par cela même, des points forts. Les intersections des verticales et des horizontales nous donneront quatre points également forts : ces quatre points seront les quatre points très forts du tableau. Vous avez tout avantage, dans votre composition, à venir placer votre sujet principal sur l'un de ces points-là. Vous êtes déjà certains qu'en cet endroit il produira beaucoup d'effet. En joignant ces points deux à deux, diagonalement, nous avons deux lignes de force.

Nous verrons, surtout dans la lumière, que ces lignes de force sont intéressantes quand nous possédons un éclairage qui nous donne la diagonale d'ombre et la diagonale de clarté.

Il ne faudrait pas cependant mettre deux sujets d'égale valeur sur deux points forts symétriquement placés. Notre regard ne saurait auquel s'adresser. Tout de suite les deux sujets attireraient notre attention et empêcheraient l'entrée franche dans le tableau. Sur des lignes fortes, opposées les unes aux autres, nous ne devons mettre que des valeurs parfaitement inégales.

Je ne voudrais pas cependant pousser les choses à l'extrême, en vous donnant ces points de règle comme immuables. C'est là, toutefois, une bonne indication. Ne négligeons pas les petits moyens cependant, dans ce cours surtout où je tiens à vous fournir des préceptes pratiques et des exemples vous permettant d'arriver le plus près de l'art et le plus sûrement possible.

Pour chercher ces points forts et vous habituer à voir où ils doivent être, tracez en bleu, sur le verre dépoli de votre chambre noire, une division impaire; tracez en rouge les deux médianes. Vous saurez tout de suite où mettre votre sujet principal.

En opérant ainsi pendant quelques mois, vos tableaux auront un aspect à peu près semblable, parce que justement les lignes fortes seront toujours à peu près au même endroit, mais cette façon de procéder vous apprendra, je crois, très vite à déterminer le point fort et le point faible. Lorsque votre œil sera habitué à cette gymnastique, tout naturellement et sans le secours de ce guide-âne, vous placerez vos motifs principaux au bon endroit.

Considérons maintenant le premier plan.

On a dit, je l'ai lu dernièrement encore dans un journal photographique, que le premier plan était à la Photographie ce que la couleur est à la peinture et que toutes les fois que nous rencontrions un motif ne présentant pas un bon premier plan, net et solide, il fallait se dispenser d'opérer parce que notre photocopie ne vaudrait absolument rien.

Je ne suis pas aussi exclusif; cependant, je reste complètement de cet avis qu'un premier plan est absolument nécessaire. Seulement je voudrais que ce premier plan fût *toujours* en intimité parfaite avec l'ensemble du tableau. Le point important, ce n'est pas de rechercher un premier plan ayant beaucoup d'effet, ce qui est d'une nécessité primordiale dans un genre de photographie spéciale qui s'appelle la *photostéréographie,* mais, je le dis et je le répète, ce que l'on doit rechercher c'est l'intimité de ce premier plan avec le tableau en général. Il doit participer à l'ensemble du tableau en se maintenant en relation constante avec lui.

Comment le premier plan peut-il se montrer en relation constante avec le tableau? En aidant à porter notre regard vers le point principal de fuite; il peut nous y porter soit par le rappel, soit par la répétition.

Par exemple, si nous prenons une voie de chemin de fer avec des poteaux télégraphiques, ce qui, grâce à la civilisation, arrive trop souvent en Photographie, on voit les poteaux se répéter et nous conduire tout de suite au point principal de fuite. Nous avons encore des lignes d'arbres qui, avec des valeurs inégales, sont de véritables répétitions et nous emmènent très facilement vers le point principal de fuite. C'est ce que j'appelle la participation du premier plan au tableau par *échelonnement*.

Cette participation peut être faite aussi par *direction*. Par exemple si vous avez une fabrique se trouvant devant vous, ou un mur perpendiculaire au plan du tableau, vous obtiendrez tout de suite la participation par direction.

La ligne du toit, la ligne des fenêtres et la ligne de terre, également, convergeront au point principal de fuite. La fabrique participera donc à l'ensemble général du tableau par direction, du fait même de ses fuyantes.

Mais on n'a pas toujours une fabrique à sa disposition; il n'est pas nécessaire d'ailleurs de l'avoir : la direction peut être donnée par le geste d'un personnage, par les branches d'un arbre, se dirigeant vers le point principal de fuite.

La participation du premier plan au tableau peut encore être faite par *continuité*. La continuité est la chose du monde la plus facile. Vous avez une colline, une falaise, un tertre : colline, falaise et tertre vous donneront la continuité en s'enfuyant dans la direction du point de fuite. Ou bien encore vous avez une route; c'est le cas le plus simple : ce premier plan vous conduira tout naturellement au but, genre de premier plan qu'on recherche le plus, genre le plus facile à trouver et à ordonnancer dans la composition d'un tableau; elle possède l'avantage de nous fournir, comme nous l'avons vu, une des meilleures entrées dans le tableau.

4

Je vais terminer, Mesdames et Messieurs, en traitant une petite question un peu bien secondaire. Néanmoins, elle présente une certaine importance dans la Photographie. Ce n'est pas une question absolument d'art, mais elle prête à l'art.

Je veux parler de la coupe des épreuves. Couper les épreuves! Mais c'est à qui ne les coupera pas. J'ai vu des personnes qui me présentaient leurs épreuves avec les feuillures ou les taquets des châssis encore marqués. Je leur ai demandé pourquoi : « Mais parce que j'avais un 13 × 18. — Qu'importe! coupez votre épreuve en 9 × 12 elle sera beaucoup mieux. — Non, j'ai un 13 × 18, je ne veux pas qu'on suppose que je n'ai qu'un 9 × 12. » Conclusion : on ne sait pas couper les épreuves; on ne veut pas les couper. Alors qu'est-ce qui arrive? L'amateur a de très mauvaises épreuves alors qu'il pourrait quelquefois les rendre supportables par une coupe bien comprise.

C'est là un point qui concerne aussi bien la Photographie anecdotique que la Photographie artistique. Il peut arriver, il arrive même souvent que, pour une cause absolument accidentelle, on manque le tableau visé. On voulait faire une œuvre d'art, on a fait en réalité une œuvre d'art, mais elle est gâtée par un coup donné à la chambre, par un personnage survenu inopinément, lequel coup a mis l'horizon de travers, lequel personnage a fait, de son corps, de sa tête ou d'un de ses membres, tache sur le premier plan, ou sur un plan d'extrémité. L'artiste courageux prend ce phototype négatif et le jette purement et simplement au panier. Or il ne faut pas détruire de prime coup un phototype négatif quand on croit qu'il est bon, qu'il a une certaine valeur. Il faut d'abord l'examiner attentivement, voir comment il peut se présenter à la coupe, en partant de ce principe, que j'ai énoncé tout à l'heure : la bordure doit rester toujours dans le sens de la dominante.

Dans ces conditions, on peut même quelquefois tirer du rebut certains sujets et leur donner un aspect artistique et, s'ils ont déjà une valeur artistique par eux-mêmes, les sauver complètement de l'oubli.

Prenons un exemple de chacun de ces cas.

Avec un appareil à main, dont les viseurs donnent rarement

une image complète, le sujet principal nous attire presque forcément. On ne saisit pas les sujets secondaires, comme... comment dirai-je?... cette figure de premier blanc dans la *sortie du bain* ci-contre (*fig.* 27). D'autre part suivant le sujet on ne s'est

Fig. 27.

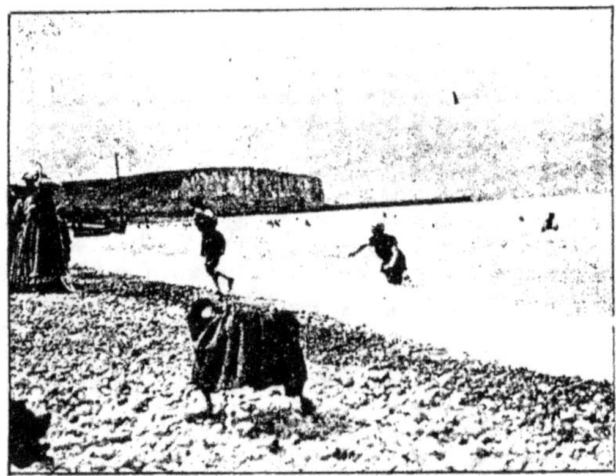

pas aperçu que l'horizon est de travers. L'épreuve ne vaut que le panier. Pourtant avec une coupe bien comprise, nous pouvons rétablir l'horizontalité de l'horizon, supprimer la grotesque figure

Fig. 28.

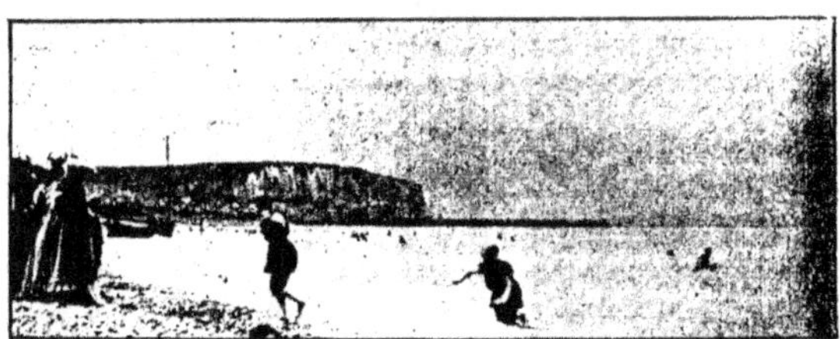

du premier plan, tout en tenant compte que le tableau doit se présenter dans la dominante horizontale. En opérant ainsi nous aurons une image réduite (*fig.* 28), mais une photographie anecdotique tout à fait supportable.

Voici un autre sujet. Je cherchais surtout un grand effet de ciel.
Deux pêcheuses venaient à moi. J'attendis le moment où elles

Fig. 29.

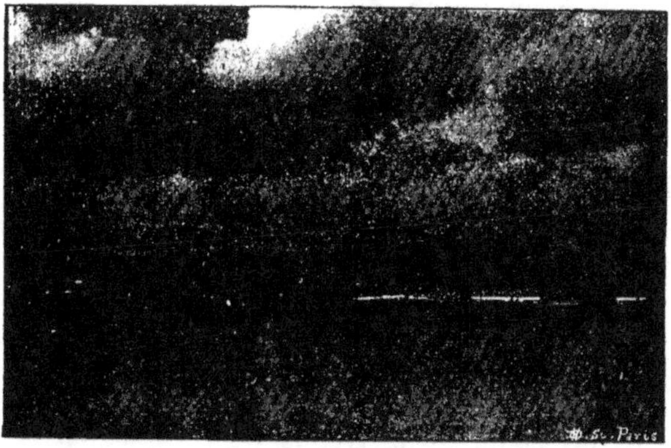

allaient me former mon premier. Soudain elles se séparent. Adieu,
veau, vache, couvées, et premier plan. Quand je crus que l'une

Fig. 30.

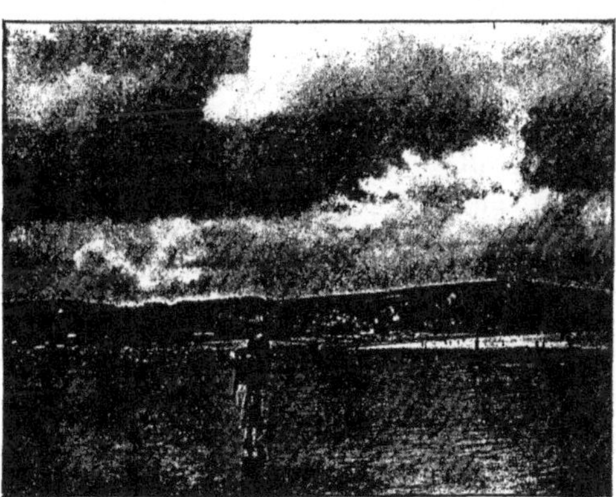

d'elles était hors du tableau, je déclenchai : au développement je
constatai que j'avais opéré trop tôt; les deux pêcheuses étaient

dans le tableau (*fig.* 29) le déséquilibrant complètement par des valeurs égales symétriquement placées sur un même plan. Épreuve bonne à jeter. Avec la coupe cependant on peut rendre le tableau supportable, comme vous le voyez par l'épreuve où l'une des pêcheuses est supprimée (*fig.* 30). On peut même le rendre encore meilleur en abattant un peu de ciel, pour lui donner une forme rentrant dans la dominante horizontale.

Je ne saurais donc trop vous recommander de chercher à couper vos épreuves. Vous n'avez qu'à prendre quatre morceaux de carton noir que vous pourrez faire manœuvrer dans un sens ou dans l'autre en les disposant pour former un cadre. Quelle que soit l'épreuve que vous avez faite, que ce soit une épreuve d'art ou une épreuve anecdotique, n'importe, prenez ces quatre bouts de carton, promenez-les sur l'épreuve quelconque que vous avez et voyez si le sujet ne se présente pas esthétiquement mieux dans tel ou tel encadrement en observant toujours que l'encadrement doit être dans la forme de la dominante. Lorsque vous aurez trouvé une bonne position, n'hésitez pas; fichez quatre épingles aux quatre coins et coupez résolument votre épreuve. Quand bien même vous devriez avoir un $6,5 \times 9$ tiré d'un 18×24 n'hésitez jamais. Ne vous entêtez pas à dire : « Je ne veux pas montrer un $6,5 \times 9$ à tous mes amis et connaissances, je tiens à leur prouver que j'ai un 18×24. »

Voilà, Mesdames et Messieurs, un tout petit moyen d'art qui ne sera pas sans jeter quelque lumière sur le côté esthétique de vos travaux, en attendant que nous étudiions la véritable lumière qui doit former le thème de notre prochaine Leçon et nous donner la beauté poétique.

TROISIÈME LEÇON.

LUMIÈRE.

MESDAMES, MESSIEURS,

Dans les deux premières Leçons, nous avons envisagé les lignes, c'est-à-dire la réunion ou la combinaison des parties soit d'un objet, soit d'une composition. Mais si nous voulons regarder un paysage, même sommairement, imparfaitement, nous reconnaîtrons très vite qu'en réalité il n'existe pas de lignes dans la nature, mais des *formes*, c'est-à-dire des apparences extérieures sous lesquelles les corps se montrent à nos yeux. Ces apparences deviennent intelligibles pour nous par ce phénomène physique qui rend les objets visibles et qu'on nomme la *lumière*.

D'après cette remarque, les lignes, à elles seules, seraient donc absolument insuffisantes pour nous donner la représentation exacte de la nature. Il faut, par conséquent, que, passant du simple au composé, nous étudiions les formes.

Du reste, un des moyens d'art, sans être cependant de l'art pur, un des principaux buts de l'artiste est de nous donner tout d'abord une illusion optique. L'illusion optique est excellente, artistiquement parlant : meilleure elle est, mieux le tableau sera. Cependant cela ne veut pas dire que par l'illusion optique seule nous aurons une œuvre d'art. Je n'irai pas jusque-là.

Tenez, ceux d'entre vous qui connaissent Bruxelles ont pu déjà visiter, ceux qui ne sont pas allés encore en Belgique visiteront, je les y engage fort, un bâtiment tout spécial : le musée créé pour le peintre flamand Wiertz. On ne trouve là que les œuvres de ce Wiertz, un romantique qui ne rêvait qu'à une chose : allier en lui seul Homère, Michel-Ange et Rubens. Ce peintre a fait des œuvres très amusantes et de très bonnes aussi. Eh bien ! vous verrez dans ce musée des tableaux dont l'illusion optique est telle que je vous défie de ne pas être impressionnés et de ne pas dire : « Voilà en vérité une bonne femme ou un bonhomme en chair et en os. » Il est vrai que les organisateurs du musée ont eu bien soin de rétablir la perspective avec le plus d'exactitude possible, en masquant tout ou partie du tableau et en forçant le spectateur à regarder d'un point unique, par un trou rigoureusement placé à l'endroit du point de vue. Quoi qu'il en soit, l'œuvre acquiert ainsi une illusion optique saisissante : on se trouve pour ainsi dire, je le répète, en présence de la réalité.

Vous me direz alors : « Mais puisque l'illusion optique est un instrument d'art, ce Wiertz doit être un grand artiste et il a fait une œuvre d'art magistrale. » Artiste illustre; œuvre d'art magistrale, ce n'est pas le cas. Nous avons vu ensemble que l'œuvre d'art complète devait satisfaire trois points : nos sens, notre raison, notre intelligence. L'illusion optique satisfait bien nos sens, c'est certain; notre œil est parfaitement satisfait; satisfaite aussi notre raison en tout ou en partie parce que raisonnablement nous savons les choses comme nous les voyons, mais notre esprit n'est pas satisfait du tout : l'illusion optique demeure donc un des puissants auxiliaires de l'œuvre d'art; mais l'illusion optique ne suffit pas à elle seule pour constituer une œuvre d'art.

Nous avons vu, en tant qu'illusion d'optique, que la perspective linéaire nous donnait déjà, sur le tableau, la perception de l'enfoncement des plans, du relief des choses, mais nous avons vu aussi qu'elle est déterminée par les lignes. Maintenant étudions la perspective en tenant compte du remplacement des lignes par des formes et des effets de la lumière sur ces mêmes formes.

Le premier de ces effets, dans le paysage qui nous occupe, qui seul doit nous occuper dans ce Cours, le premier de ces effets est le *phénomène optique de la réflexion de la lumière* produite par les masses d'air illuminées qui se trouvent entre l'opérateur et les différents objets qu'il a devant lui : ce phénomène optique se nomme *perspective aérienne*.

D'où provient ce phénomène? car, en somme, nous demeurons en présence, nous paysagistes, d'une source de lumière, le Soleil, qui se trouve placée très haut, et très loin par rapport aux objets terrestres; en conséquence il n'y a pas de raison pour que les objets du second, du troisième ou du vingtième plan ne soient pas éclairés de la même façon, ne se présentent pas à nous dans leur couleur et leur ton naturels aussi bien au dernier plan qu'au premier, car la distance qui sépare le dernier plan du premier, fût-elle de quelques kilomètres, n'est rien à comparer à la distance qui nous sépare du Soleil. Or, l'objet nous apparaît avec ses teintes affaiblies ou des teintes qui ne lui sont pas propres. En d'autres termes, les objets situés à 500^m ou à 1000^m de notre œil ne paraissent pas posséder la couleur qu'ils auraient s'ils se trouvaient à 1^m de nous. L'illumination des couches atmosphériques devant être la même puisqu'elle émane du Soleil ne l'est donc pas en réalité? Elle est la même; seulement nous ne la percevons pas semblable pour l'objet qui est près de nous et pour l'objet situé plus loin. Il y a altération des couches. Quelles sont les causes de cette altération? Nous gagnerons, sans doute, à les connaître. Puisque nous restons dans le paysage nous en considérerons surtout deux, très intéressantes; les autres d'ailleurs peuvent se fondre en ces deux-là; ces causes sont : les poussières et les eaux météoriques.

Les molécules qui constituent ce que je nommerai les *poussières*, si elles sont très fines, transparentes et ne possédant ni la même densité, ni le même pouvoir réfringent que le milieu où elles flottent, dévieront la lumière de la ligne droite représentant couramment sa trajectoire; elles la dévieront soit par réflexion, soit par réfraction et détermineront par cela même sa diffusion. Moins ces poussières seront nombreuses plus nettement on verra les objets.

Tous les jours vous constatez le phénomène; vous pouvez le remarquer, par exemple, le matin, simplement en vous débarbouillant. Si dans l'eau de votre cuvette qui a, je suppose, des fleurs ou une autre ornementation, vous projetez une ou deux gouttes d'une liqueur essentielle quelconque, vous voyez immédiatement l'eau se troubler : votre eau n'est plus limpide, elle a une teinte laiteuse. Cela provient justement des molécules microscopiques de l'huile essentielle disséminées dans l'eau ou d'un précipité qui se forme et ne possède pas le même pouvoir réfringent que l'eau. Il y a diffusion de la lumière et c'est pourquoi vous voyez votre eau laiteuse.

Au lieu de jeter quelques gouttes de liqueur essentielle, mettez-en beaucoup. Alors que la première fois vous voyiez encore la matière de la cuvette et les dessins qui se trouvent au fond, vous ne verrez plus rien du tout.

C'est ainsi que les choses se passent dans la nature. Si nous avons de légères poussières, nous voyons les lointains à peu près nettement. Si nous avons des poussières plus nombreuses, les lointains s'effacent de plus en plus; la nature, au lieu d'être vue à travers une glace sans tain, se trouve vue à travers une gaze plus ou moins épaisse, ou du moins à travers une succession de voiles de gaze.

Du reste, cette altération de l'air est absolument constante : je ne veux pas dire comme valeur, mais constante en ce sens que l'atmosphère se trouve toujours plus ou moins altérée.

Dans la chambre, par exemple, où vous croyez respirer l'air le

Fig. 31.

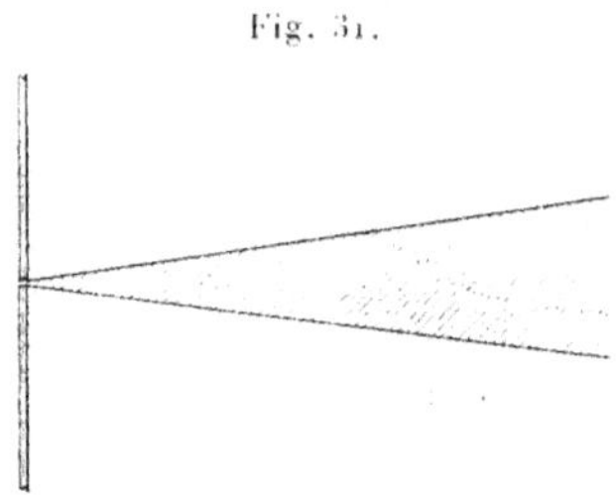

plus pur, vous avez une altération considérable. Vous connaissez tous le phénomène suivant : vous êtes dans votre chambre, vous fermez les volets, le Soleil luit au dehors. Pratiquez un trou dans le volet. Que se passera-t-il? Votre chambre va s'illuminer très légèrement. Vous aurez la sensation des objets par ce petit trou qui vous donne la lumière. En même temps, autre phénomène : vous remarquez une traînée de lumière, émanant du trou du volet (*fig.* 31). Pourquoi cette traînée ici plutôt que là? Tout simplement parce que l'air de votre chambre qui vous paraissait si pur est altéré : le rayon de Soleil entrant frappe toutes les petites molécules constituant la poussière et vous donne une impression lumineuse. Ce sont les corps organiques, en suspension dans l'air, qui sont éclairés. La preuve que ce sont des corps organiques, c'est que, si vous cherchez à les détruire, vous ne verrez plus la traînée lumineuse. Il existe, à ce sujet, une expérience fameuse

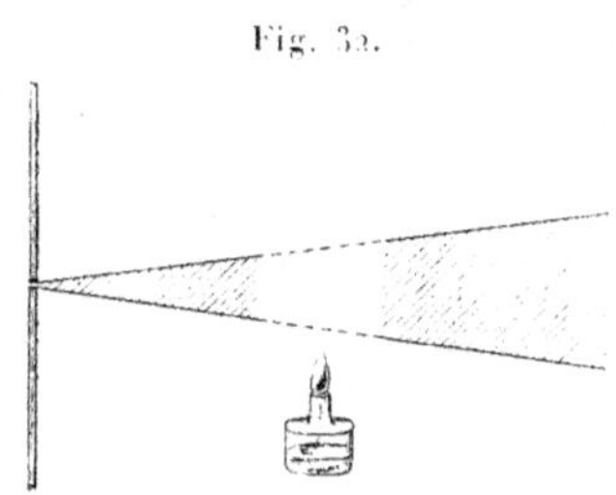

Fig. 32.

de Tyndall : elle consiste tout simplement à mettre en dessous de la traînée lumineuse une lampe à alcool (*fig.* 32). Immédiatement les petites poussières organiques sont chassées ou détruites par la chaleur et, à l'endroit où se trouve la lampe, il se forme une trouée noire. En d'autres termes, au-dessus de la flamme, l'air n'étant plus altéré ou l'étant fort peu, vous verrez une différence considérable entre les parties chauffées ou non chauffées du rayon pénétrant.

De là, par la chaleur, une certaine diminution de la perspective aérienne quand il fait très chaud; dans les paysages de montagnes, on le constate facilement. Beaucoup de personnes, et je suis du nombre, je l'avoue, n'aiment la Suisse, par exemple, que le matin ou le soir et pas du tout l'après-midi. C'est très compréhensible. Dans ce pays de hautes montagnes les vallées habitables forment de véritables cuvettes. Quand le Soleil darde d'aplomb, qu'il a bien chauffé, comme l'air n'est pas absolument dénué mais forte-

tement diminué de toutes ses petites matières organiques, il arrive
que les plans se rapprochent, que l'atmosphère devient plus transparente, que tous les objets arrivent sur nous. C'est un point à
considérer, pour nous autres photographes paysagistes, qu'à certaines heures du jour, à certaines époques de l'année, suivant la
température, la perspective aérienne est considérablement dimi-
nuée ; j'appuie sur cette remarque parce qu'il faut tenir grand
compte de la perspective aérienne pour notre tableau.

Plus les molécules altérantes sont petites, plus elles pourront
arrêter et réfléchir les ondes de lumière les plus courtes. Vous
savez, Mesdames et Messieurs, que la lumière blanche est composée de différentes couleurs, vulgairement désignées sous cette
gamme : violet, indigo, bleu, vert, jaune, orangé, rouge. Ces
lumières colorées, comme toute lumière en général, se propagent
par ondes exactement comme l'eau quand vous jetez un caillou
dedans. Autour du point de pénétration du caillou il se forme et
il se propage de petites ondes circulaires.

Suivant la couleur du rayon, les ondes lumineuses sont plus ou
moins grandes, leur amplitude est plus ou moins forte : Helmholtz,
sur ce sujet, nous fournit un exemple typique. Prenez une bûche,
et mettez-la à flotter sur une eau tranquille ; sur cette eau, laissez
tomber une goutte de liquide : immédiatement à l'endroit où tombera cette goutte de liquide se formera un petit trou entouré de
petites ondes ; ces ondes viendront frapper la bûche qui est,
remarquez-le, un corps absolument mobile ; les ondes étant très
petites, donc peu fortes, se heurteront contre la bûche, mais
celle-ci résistera à leur choc avec la fermeté d'un roc et les brisera
tout en les dispersant.

Par un mécanisme qu'un romancier pourrait inventer, mais
enfin que nous pourrons supposer, faisons arriver sur la bûche
mobile, au lieu d'une petite onde, une onde grande, large et
d'une forte amplitude ; par exemple, une de ces vagues telles qu'on
en trouve dans l'océan ; sera-t-elle renvoyée par la bûche ? Non,
car l'inertie de la bûche ne sera plus suffisante ; la bûche sera
soulevée et s'en ira avec l'onde.

Pour la lumière, c'est absolument la même chose. Lorsque les
ondes lumineuses viendront frapper les poussières de l'air, elles se

briseront et se disperseront si ces ondes sont trop faibles d'amplitude pour passer sans tenir compte d'elles. Les rayons aux ondes
les plus courtes sont le violet et le bleu. Aussitôt que la lumière
rencontre les petites particules de l'atmosphère, il y a donc brise-
ment et dispersion des rayons bleus et violets. La perspective
aérienne, qui nous met en présence de lointains plus ou moins
fuyants, prenant des dégradations de teintes bleues et violettes,
n'est pas due à une autre cause.

Nous avons vu comment, avec les lignes, nous pouvions arriver
à une certaine représentation de la nature, à une certaine illusion
optique. Lorsque ces lignes sont, par exemple, des obliques ou
des perpendiculaires au tableau, elles fuient, elles nous donnent
le sentiment de profondeur. Mais nous avons vu aussi quelle difficulté nous avions de faire fuir les lignes de front et les parallèles
au tableau !

Fig. 33.

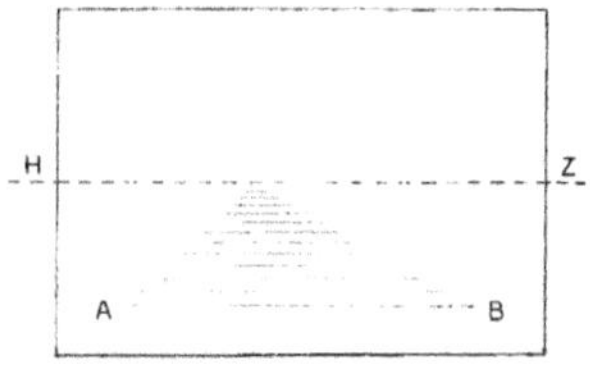

H ———————————————————————— Z

A ————————————————— B

Soient notre horizon en HZ (*fig.* 33) et des parallèles au tableau
en AB, également distantes les unes des autres.

Toutes ces parallèles s'en iront vers l'horizon en se raccour-
cissant et en se rapprochant les unes des autres. Nous aurons
une sensation d'enfoncement extrêmement petite. La perspective
aérienne vient heureusement à notre aide pour nous permettre,
dans tous les cas, surtout dans celui où il est très difficile par
les lignes d'avoir l'enfoncement, vient nous permettre, dis-je,
d'obtenir une plus grande sensation de cet enfoncement.

Il faut donc faire grande attention à l'effet de la perspective
aérienne.

Je disais en commençant que les molécules altérantes provenaient des poussières ou des eaux météoriques ; nous avons maintenant à nous occuper de ces dernières. Les eaux météoriques

peuvent être absolument invisibles : quand je dis *absolument,* j'entends qu'elles jouent le rôle de nos petites poussières. Elles peuvent être fines et devenir de plus en plus grosses; c'est une question de température. Plus la température s'abaissera, plus les eaux météoriques tendront à se condenser et arriveront à leur point de condensation. En même temps, remarquez que plus nous approchons du point de condensation des eaux météoriques, plus grosses seront les vésicules formées. Ce ne seront plus seulement les rayons bleus et violets qui seront dispersés, mais la lumière blanche elle-même.

Nous rencontrons fréquemment ce phénomène le matin, le long d'une vallée. Vous connaissez l'effet. La montagne est bleue avec une dégradation plus ou moins grande dans la teinte bleue. Une ligne blanche, flottant au-dessus de l'horizon, nous indique parfaitement que, derrière le village se dressant devant nous, se trouve une rivière. Or la teinte bleue et la ligne blanche sont dues toutes les deux à l'altération de l'atmosphère, par les poussières et les eaux météoriques, mais les eaux météoriques sont près de leur état de condensation dans les couches atmosphériques immédiatement situées au-dessus de la rivière.

Il y a donc une très grande différence entre les eaux météoriques près de leur état de condensation et les poussières de l'atmosphère; elles nous renvoient les rayons différemment. Nous devons en tenir un très grand compte lorsque nous faisons de la photographie.

Il y a encore des causes secondaires de changement d'aspect de la perspective, comme par exemple le mélange des couches d'air de densité différente et surtout la dilatation des couches d'air immédiatement au-dessus d'une surface très éclairée et par conséquent surchauffée. Mais ce sont là des considérations qui reviennent à ce que nous venons de dire tout à l'heure.

Si la perspective aérienne altère les couches d'air, elle altère aussi, par cela même, la visibilité des objets.

Ici, nous ne faisons pas de la théorie pure. Je ne suis pas un professeur théoricien ne venant vous apporter que des théories seulement et pas du tout de pratique; je tiens au contraire à essayer de vous apporter le plus de pratique possible, car ces questions que je traite, je les ai examinées une à une moi-même, sur la nature, la chambre noire à la main.

Il faut donc tenir compte de cette altération et de la plus ou moins grande visibilité des objets, pour notre appareil photographique, au point de vue spécial de la *mise au point*.

Ceci va encore venir augmenter ce que nous connaissons déjà de l'appareil photographique. Nous savons, d'après ce que je vous ai dit, que nous pouvons employer une plaque quelconque, du moment qu'elle est couverte par un objectif dont la distance focale est égale à la diagonale de la plaque employée. Voilà notre surface utilisable. Elle est normale en 18×24 avec un objectif de $0^m,30$ de foyer. Si cette surface est plus petite, si nous avons employé un foyer plus court que le foyer normal $0^m,30$, nous savons que nous pouvons revenir à la normale en agrandissant dans le rapport du petit foyer à $0^m,30$, à la condition de nous être tenus à une distance du motif du premier plan au *moins* égale à deux fois la hauteur de ce motif. C'est bien convenu et bien entendu. Dans ces conditions-là nous respectons absolument la perspective linéaire qui est un des éléments nous permettant d'arriver à l'illusion optique et à la représentation de la nature.

Mais la perspective linéaire n'est pas seule; elle est d'autant moins seule que nous venons de constater la non-existence des lignes dans la nature. Il y a d'autres considérations : la visibilité plus ou moins nette des détails et l'accusation plus ou moins forte des teintes. Or ces deux considérations sont absolument dépendantes de la mise au point.

Existe-t-il plusieurs manières de faire la mise au point? Oui, il en existe deux : la mise au point sur le premier plan ou la mise au point sur le plan moyen.

La nature de l'objectif influe beaucoup sur la mise au point que nous aurons à choisir. Certains objectifs nous donnent très nette l'image d'un point sur un plan déterminé et ne nous donnent plus la netteté suffisante sur le plan qui précède ou suit immédiatement ce plan. D'autres objectifs, au contraire, vous donnent la netteté de l'image de ce point sur plusieurs plans à la fois; on dit qu'ils ont une grande profondeur de foyer.

Les fabricants ne manquent jamais de nous dire : « Mon

objectif a une grande profondeur de foyer. » C'est une attirance de prospectus : la profondeur de foyer reste dépendante de l'ouverture de l'objectif. Il faut savoir combien grand est, à toute ouverture, le nombre des plans de netteté sur *toute* la surface utilisable. En effet, les objectifs qui semblent présenter une grande profondeur de foyer présentent généralement cette profondeur au centre seulement. Dès que nous nous éloignons un peu de ce centre la profondeur de foyer diminue, jusqu'à ne plus exister du tout sur les bords. Nous sommes obligés d'avoir recours à de petits moyens pour ramener la netteté, même d'un seul plan, sur toute la plaque.

Dans le premier des deux cas que je viens de citer, que se passe-t-il? L'objectif nous donne net sur un plan et, presque immédiatement après, pas très net, mais si cet objectif reproduit sur notre plaque la sensation de netteté ou de dégradation de plans que notre vision distincte nous fait éprouver en face de la nature, cet objectif là sera parfait pour nous. Avec lui nous travaillerons dans de bonnes conditions d'art. Nous mettrons au point sur le premier plan et l'image reçue reproduira, au mieux, le paysage tel que nous le voyons.

Toutefois, il faut bien examiner si l'image sur la glace dépolie nous donne la même sensation que notre œil regardant la nature, car l'objectif est mieux constitué que notre œil, il voit beaucoup mieux que lui; il saisit des détails là où l'œil n'en perçoit pas. Exemple : la grande Carte du Ciel à laquelle on travaille depuis quelques années, avec l'aide de la Photographie; que s'est-il passé? Les astronomes, bons mathématiciens, avaient trouvé qu'à tel point du ciel des planètes devaient exister. De deux choses l'une, ou la loi de Newton sur la gravitation universelle était vraie et il y avait des planètes en ce point du ciel; ou elle était fausse et alors il n'y en avait pas. Les astronomes ne pouvaient contrôler matériellement leurs calculs.

Armés de leurs télescopes et de leurs plus puissantes lunettes, ils ne parvenaient pas à découvrir ces planètes. Qu'est-il arrivé lorsqu'on a fait la Carte du Ciel? Beaucoup de ces planètes sont apparues sur l'épreuve photographique, alors qu'on ne parvenait pas à les voir autrement. L'acuité de la vision de l'objectif est donc plus grande que celle de notre œil. Pour l'art c'est un danger. Prenons-y garde. Si la puissance de visibilité de l'objectif est à peu près égale à la puissance de visibilité de notre œil, prenons cet objectif sans hésiter : il sera très favorable à la perspective; si sa puissance de visibilité est supérieure à celle de l'œil, méfions-nous.

Considérons, par exemple, trois plans A, B, C (*fig.* 34), que nous regarderons du point de distance O.

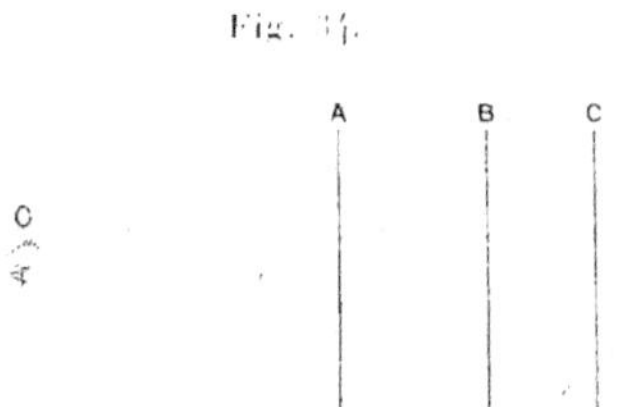

Si l'objectif voit A très net, B moins net que A et C moins net que B, il sera dans les conditions de notre vision distincte, donc dans celles d'une bonne perspective aérienne. S'il voit B très net, A et C moins nets, il allongera la profondeur de la perspective de A à B et la diminuera de B à C. S'il voit très nets à la fois A, B et C, il diminuera l'éloignement perspectif entre ces plans et le fond.

Donc, Mesdames et Messieurs, mieux vaut prendre un objectif dans les conditions de la vision nette de A seulement et faire la mise au point sur le premier plan.

Considérons la seconde méthode, celle de la mise au point sur le plan moyen; elle est surtout employée avec les appareils à main; avec eux, en effet, il est très difficile d'avoir des appareils parfaits et bien réglés sur le premier plan, et l'on cherche ainsi à y compenser l'allongement de la perspective, en avant du plan net, par le raccourcissement de la perspective en arrière de ce même plan net. Il existe cependant des appareils à main qui donnent, par déplacement de l'objectif, la netteté depuis 1^m jusqu'à 50^m : ils sont très recommandables, mais extrèmement rares.

La perspective aérienne étant, son premier effet et son plus important est l'effet des ombres. Cette question des ombres joue un rôle prépondérant dans l'art; on ne saurait trop y attacher son attention. Les ombres donnent, avec du relief et de la vie, l'indication précise de la forme.

L'ombre est-elle la même partout? Le rayon lumineux qui viendra pour former l'ombre, lorsqu'il aura frappé sur le bord même de l'objet, sera coupé par ce heurt contre l'arête de l'objet. Alors toutes les ondes, les bleues et les violettes surtout puisqu'elles sont les plus faibles, seront, comme dans l'exemple de la bûche cité tout à l'heure, dispersées en rencontrant une résistance suffisante, tomberont dans l'ombre même et viendront l'envahir en partie. D'autre part, les reflets du sol envahiront également une partie de l'ombre. La lumière ambiante aussi pénétrera peu ou prou dans cette ombre et fera que cette ombre ira en se dégradant de son point de contact avec la forme jusqu'aux extrémités de sa propre image.

Il faut donc faire grande attention, quand vous développez une plaque, de ne pas obtenir justement ce qu'on remarque très souvent : des paquets de noir d'une égalité absolument parfaite.

En dehors de cet envahissement de l'ombre par la lumière dispersée, reflétée et ambiante, envahissement qui diminue la tonique de l'ombre, il y a une autre question fort intéressante pour nous photographes, aussi bien que pour les peintres : c'est la question de la couleur des ombres. Elle est due à trois causes : la couleur des corps dite *couleur locale,* la couleur de la lumière formant l'ombre et le contraste produit par la lumière dominante.

Supposons l'existence de trois tableaux, ayant chacun un arbre feuillu, de même grandeur, de même volume et dont l'ombre se projette largement en avant.

Dans le premier tableau cette ombre sera projetée sur une prairie.

La lumière du corps, c'est-à-dire la lumière locale, sera celle émanant du feuillage de l'arbre, donc du vert. La lumière reflétée, provenant de l'herbe de la prairie, sera également du vert. Il nous reste la lumière diffusée, la lumière ambiante émanant des rayons du Soleil; elle entoure l'arbre, se brise à ses contours et à ses aspérités, se heurte aux poussières de l'atmosphère et sera dès lors très riche en rayons à ondes courtes. Les rayons bleus et violets pénétreront plus qu'aucun autre dans le vert et l'accentueront. La couleur dominante de l'ombre sera dès lors certainement le vert.

Dans le second tableau, supposons l'ombre de l'arbre projetée, non plus sur une prairie, mais sur quelques mottes de verdure entourées d'eau de tous côtés. Nous resterons avec la même couleur locale et la même couleur dominante; mais la couleur de contraste, la couleur de reflet, sera celle de l'eau, composée des rayons blancs et des rayons bleus, rayons très vifs. Notre ombre sera ici complètement modifiée par un envahissement plus grand des bleus. La teinte verte locale s'affaiblira et se grisera par cette abondance de bleus. Pour un œil peu expérimenté il semble que ce soit la même ombre. Erreur! Le temps de pose nécessaire avec celle-ci ne sera pas du tout le temps de pose nécessaire avec la première.

Dans le troisième tableau, supposons l'ombre de notre arbre se projetant sur un banc de roche. La couleur ambiante seule restera la même. Nous aurons pour couleur locale les jaunes roux de la roche; nous aurons encore la lumière réfléchie composée de jaune, de roux et de vert. Dans les trois cas nous avons donc trois ombres de tonalités essentiellement différentes.

Lorsqu'on vous dit : dans un paysage, posez pour les ombres, vous voyez qu'il faut d'abord savoir quelle véritable coloration a l'ombre parce que chaque sorte de couleur impressionne notre plaque d'une façon différente. Si le bleu demande à peu près une seconde pour l'impressionner, il faudra au moins quinze ou seize secondes pour qu'elle soit impressionnée très complètement par les rayons rouges. Il y a donc une très grande différence. Avant d'opérer, il s'agit de bien voir. Ce n'est pas pour les ombres seulement que nous devons bien voir.

En cherchant à rendre l'effet de la lumière sur l'œil, nous sommes obligés de nous servir des matériaux que nous possédons. Nous n'avons pas les couleurs à notre disposition; nous n'avons que du noir et du blanc. Et encore quel blanc! Celui que les papiers veulent bien nous donner. Quant au noir il dépend de l'intensité de notre phototype négatif et du tirage de notre photocopie positive. Il faut cependant qu'avec ce noir et ce blanc nous tâchions d'arriver à saisir et à exprimer les *degrés de clarté*.

Je vais entrer un peu ici dans le domaine de la peinture. J'y suis obligé. Un peintre, par exemple, lorsqu'il a à représenter le Sahara ou le Sahel, n'a à sa disposition que du blanc qu'il achète chez le marchand : blanc d'argent ou blanc de zinc. L'origine importe peu. Demain, si le peintre doit faire un clair de lune sur la mer, il n'aura absolument que le même blanc. Cependant un artiste de talent, peignant véritablement une œuvre d'art, nous donnera l'impression de la lumière de la Lune et l'impression de la lumière du Soleil saharien avec le même tube de blanc et les mêmes couleurs de contraste à côté. D'où provient cette sensation de plein soleil que nous avons dans le Sahara, ou cette impression de clair de lune que nous pouvons avoir sur la mer? Elle provient justement de ce que le peintre a su conserver sur son tableau les *degrés de clarté*, c'est-à-dire un ensemble tel que les points les plus lumineux du tableau se trouvent dans un certain rapport avec les points les plus lumineux de la nature elle-même et que ce même rapport existe entre les ombres extrêmes.

Voilà ce que le photographe doit aussi nous fournir. Voilà ce que nous devons chercher à avoir par un développement bien conduit et par une pose raisonnée.

Devons-nous photographier un coucher de soleil? Le degré de clarté devra être suffisamment conservé, pour que la photocopie ne nous donne pas l'impression de plein soleil, d'un soleil brûlant. La lumière est et doit se montrer déjà très assourdie par l'approche de la nuit.

Voulons-nous représenter un effet de brume, en mer, par soleil? Nous avons devant nous la pleine brume, le plein brouillard. Le Soleil, très haut et caché, commence cependant à paraître et met des rayons sur les flots (*fig.* 35). Ces raies de lumière, bien qu'étant très nettement marquées, ne devront pas posséder le même éclat que les raies de lumière qui se trouvaient dans le tableau précédent. Est-ce un plein soleil qu'il s'agit de rendre? Il n'y a plus d'ombre. Elle manque à peu près toute. Un tel paysage produit l'éblouissement absolu. Cet éblouissement est très fàcheux. Est-ce à dire que nous ne puissions pas reproduire le plein soleil? Si, mais il faudra justement ménager avec soin notre degré de clarté.

Fig. 35.

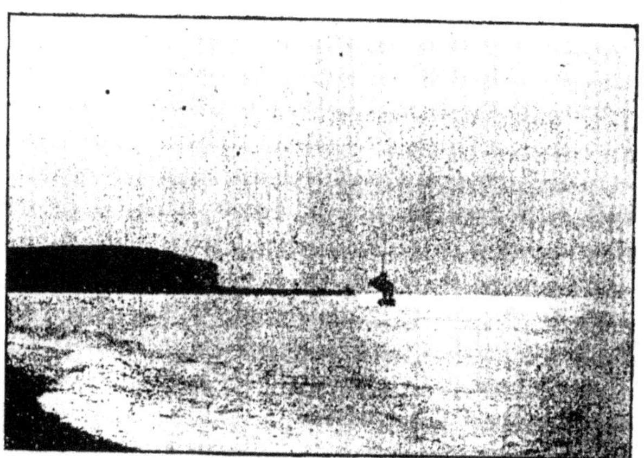

Ces exemples nous amènent à conclure qu'il y a un moment pour travailler et qu'il faut choisir son heure. Puisque nous avons parlé des peintres, considérons les paysagistes dans leur travail. Que font-ils quand arrive le plein du jour? Aux approches de midi ils déjeunent; après midi ils font la sieste, ou fument quantité de pipes, quand ils aiment la pipe. Dans tous les cas ils ne travaillent point. En effet, cette partie de la journée est le moment le plus déplorable pour faire œuvre d'art. Je dis cela, tout en pensant que c'est surtout à ce moment-là que la majorité des photographes va travailler. Pourtant, quand vous voudrez faire une œuvre d'art évitez ces heures de plein soleil. D'abord vous avez des ombres trop courtes et, par cela même, trop denses, parce que plus elles sont courtes, comme nous venons de le voir tout à l'heure, moins elles auront l'envahissement de la lumière ambiante. Vous n'obtiendrez à ce moment-là qu'un effet désagréable d'éblouissement alors que le soir et le matin, quand les ombres sont allongées, vous pouvez rencontrer de bien meilleurs effets.

Du reste, puisque nous recherchons dans cette leçon la beauté poétique, issue surtout de la lumière, vous savez qu'on a plus de perspective aérienne le soir et le matin, à la campagne, que dans le plein du jour où il n'y en a, pour ainsi dire, pas du tout.

Comment trouver l'heure propice au travail, si, passant devant un paysage, nous l'estimons motif d'art tout en constatant qu'il n'est pas éclairé comme il faut? Vous avez un moyen très simple : employer une boussole. Faites un petit cadre de carton, tracez un cercle dessus, inscrivez les douze heures autour de ce cercle et emportez une petite boussole avec vous. Ce n'est pas difficile. Même si vous avez un verre de montre assez plat pour tenir la boussole, le cadre de carton devient inutile. Donc, en vous promenant, vous rencontrez un paysage mais il se présente mal, frappé par le soleil direct. Vous estimez que s'il était mieux éclairé, avec des ombres portées de tel côté, il serait beaucoup plus artistique. Quand aura-t-il ces ombres secourables? Mettez votre boussole de façon que son anneau se trouve dans l'heure douze, tournez cette heure douze du côté du nord. L'aiguille de la boussole vous indiquera le sens. Lorsque vous aurez trouvé le nord en face du chiffre 12, tracez une ligne fictive allant du centre de la boussole au centre du paysage choisi. L'endroit où passera cette ligne sur le cadran de la montre sera pour vous l'heure où le soleil frappera votre paysage en biais.

Supposons qu'elle passe à peu près entre 2^h et 3^h. Par conséquent nous savons qu'à $2^h 30^m$ environ le soleil éclairera le paysage en biais. Dans ces conditions il nous est bien facile de calculer, à un quart d'heure près, le moment où nous devons venir prendre notre vue.

En parlant des lignes, nous avons constaté que les dominantes devaient avoir des opposantes. En matière de lumière, les opposantes existent aussi et constituent *l'effet des contrastes*. Les contrastes jouent un très grand rôle dans le tableau et la valeur contrastante a une grande influence sur le degré de clarté.

A une ligne très lumineuse nous opposons une ombre. Prenons par exemple un soleil couchant. Quel serait notre but d'art? Masquer tout ou partie du soleil trop lumineux par la voile sombre d'un bateau. Le noir de la voile fera saillir la lumière du soleil.

Tous les peintres luministes qui ont travaillé dans ce sens nous indiquent ce procédé de contraste. En voulez-vous un exemple très net? Vous le trouverez chez le peintre anglais Turner qui est pour ainsi dire le roi de ces effets-là.

Nous travaillons, Mesdames et Messieurs, sur une surface plane. C'est entendu. Nous avons vu que la perspective aérienne nous donnait un enfoncement que ne suffisait pas à nous donner la perspective linéaire. Nous avons vu que les ombres servaient à nous fournir le relief des images. Mais il y a encore quelque chose. Nous opérons avec un appareil photographique. Il s'agit de savoir si, avec cet appareil photographique, nous pouvons arriver à récupérer le plus grand relief possible. Ici se place une petite question : celle des diaphragmes. Pour moi, le diaphragme est un petit instrument, inventé pour corriger les objectifs de très mauvaise qualité. Définition sceptique peut-être, entachée de paradoxe pour beaucoup. A ceux-ci je répondrai que le paradoxe est la menue monnaie d'une vérité qui n'a pas cours encore. Néanmoins le diaphragme, puisqu'il existe, peut nous servir et nous donner d'excellents résultats, quand on l'emploie judicieusement et dans des proportions très restreintes.

Lorsque vous regardez sur le verre dépoli, votre image vous procure une sensation de relief qu'elle n'a pas du tout quand elle est sur le papier. Cette sensation de relief provient de plusieurs causes. D'après les études faites, elle est due soit au dépoli de la glace réceptrice, soit surtout aux rayons marginaux de l'objectif. Plus l'objectif est grand, plus il aura de rayons marginaux, plus aussi il vous donnera la sensation du relief, donc la sensation de deux images superposées. Car le relief ne saurait être dû à la seule vision monoculaire : il faut que la vision binoculaire entre dans sa formation.

Prenons un objectif quelconque. Munissons-le d'un diaphragme percé de deux trous aux extrémités d'un de ses diamètres. Devant un trou plaçons un verre bleu et devant l'autre un verre jaune. Regardons notre image sur le verre dépoli, de très près, en bougeant un peu la tête, de gauche à droite et réciproquement. Nous verrons tantôt une image bleue, tantôt une image jaune. Regardons d'un peu loin. Nous aurons une image grise, unique, qui sera la réunion des deux. Il y a donc en réalité deux images qui se forment et se superposent. Ces deux images sont produites par le diaphragme et par les rayons marginaux de l'objectif, puisque, d'après le genre de diaphragme employé, nous n'avons que ces rayons. Donc plus nous perdrons de rayons marginaux de l'objectif, plus nous détruirons l'effet de relief de notre image. C'est pour cela que nous devons chercher à travailler, autant que possible, avec des objectifs à grande ouverture. A une condition absolue cependant : c'est qu'ils soient bien corrigés au point de vue de l'astigmatisme. Autrement nous n'aurions plus qu'une diffusion sur les bords et rien d'utilisable. Ceux qui voudront refaire cette expérience le peuvent. Je crois qu'ils s'instruiront en s'amusant à prendre un même sujet avec des diaphragmes ordinaires à très petite ouverture, des diaphragmes à deux ouvertures comme je viens de l'indiquer, et l'objectif à toute ouverture. Ils compareront les images obtenues et constateront vite la différence de relief. Qu'on ne me parle pas d'instantanéité et du soi-disant besoin de diaphragmer pour diminuer la lumière. Le jour où vous voudrez diminuer votre lumière, employez des écrans colorés, mais ne vous servez pas de petits diaphragmes, je vous en prie, car vous enlevez tout relief à votre image.

Passons maintenant à la composition des ombres et des lu-

Fig. 36.

mières. Nous avons vu déjà la composition des lignes; celle des ombres et des lumières est analogue. Voyons-la rapidement, en suivant l'ordre adopté pour les lignes. En premier lieu se présente

la composition des verticales. S'il y a dans notre tableau égalité
d'ombre et de lumière nous aurions ce que les gens habitués à la
science héraldique appellent le *mi-parti,* c'est-à-dire la même
somme d'ombre en A que la même somme de lumière en B
(*fig.* 36). Un paysage, se présentant dans ces conditions d'égalité d'ombre et de lumière, donnerait lieu à un effet le plus
désastreux du monde. L'œil, sollicité par une surface égale de
lumière et une surface égale d'ombre, se promènerait tout le long
de la ligne de séparation, et n'entrerait pas dans le tableau, parce
que l'équilibre serait trop parfait entre les deux oppositions.

Si nous avons, comme c'est le cas assez fréquent avec ces dominantes verticales, si nous avons une rue, il peut arriver que les

Fig. 37.

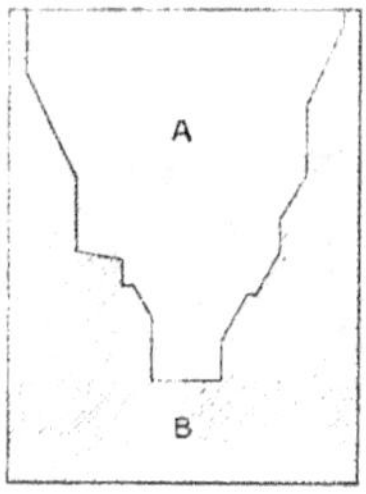

maisons et la rue entière soient dans l'ombre. Nous aurons de par
le ciel (*fig.* 37) une sorte d'enfoncement en A, un coin de lumière,
et de par la rue un V d'ombre en B. Encore un effet désastreux. Il
le sera d'autant plus que nous n'aurons aucun rappel de lumière
dans les parties d'ombre. Or nous devons, dans la composition
de la lumière, comme nous le faisons dans la composition des
lignes, balancer les verticales de lumière par des verticales
d'ombre. Cela nous est possible dans les rues avec les clairs de
fenêtres qui rappellent, dans une mesure plus ou moins assourdie,
les grandes lumières du ciel ou des murs éclairés.

Il ne faut pas oublier cette règle de composition lorsque l'on
prend une rue; autrement l'on arrive très aisément à avoir un
paquet d'ombre opaque au centre du tableau.

Si la verticale d'ombre doit être balancée par une verticale de lumière, elle peut être aussi soutenue par une horizontale de lumière (*fig.* 38). Le rôle des horizontales est très grand dans la nature. Très souvent le ciel se présente à nous avec des bandes plus ou moins colorées, plus ou moins lumineuses. Elles per-

Fig. 38.

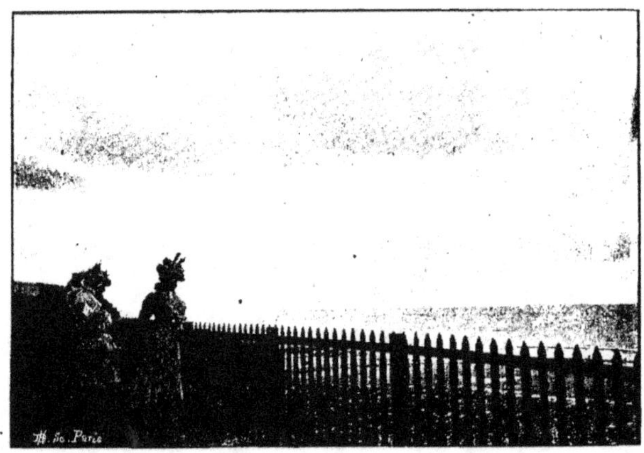

mettent de former soutien à la verticale sombre formée par les arbres ou les fabriques.

Les horizontales sont absolument dans le même cas. À égalité elles forment le *coupé* des héraldistes (*fig.* 39) et nous offrent le même défaut que le mi-parti pour la pénétration dans le tableau. Inégales, elles se soutiendront par conséquent par l'horizontale elle-même : horizontale d'ombre ou horizontale de lumière ; elles se balanceront par la verticale : une verticale d'ombre, pouvant soutenir une horizontale de lumière et réciproquement. C'est toujours le même soutien que dans les lignes ; seulement, au lieu d'avoir affaire à des lignes, ici nous avons affaire à des masses d'ombres et de lumière. Toutefois ne perdez pas de vue que dans un tableau vous ne devez jamais avoir la même somme de noir et la même somme de blanc.

Dans les soutiens par opposition de direction des masses nous avons ceci de très particulier que la masse verticale d'ombre, par exemple, fait coin et pénètre dans la lumière. Nous pourrions avoir l'inverse, c'est-à-dire avoir une pénétration de clair dans le sombre qui ferait également, en même temps qu'un soutien, une attache.

Les maçons ne procèdent pas autrement quand ils font les attaches à un mur. Ils mettent leurs briques ou leurs moellons les

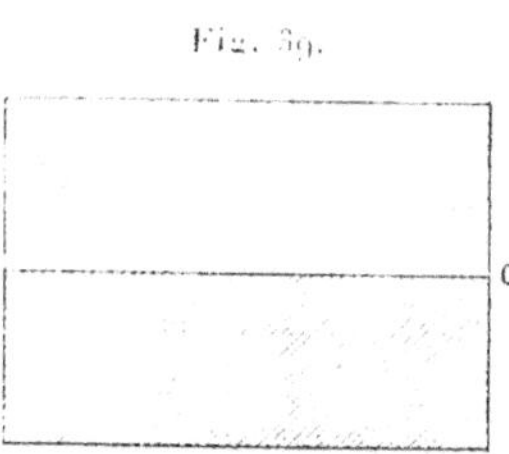

Fig. 39.

uns dans les autres. S'ils donnent ainsi une très grande solidité à leurs murailles nous en donnerons une aussi à la composition de notre sujet.

Il nous reste les masses obliques; elles donnent absolument lieu aux mêmes considérations.

Si la masse oblique coupe diagonalement le tableau, nous avons le *tranché* des héraldistes (*fig.* 40), par conséquent une valeur

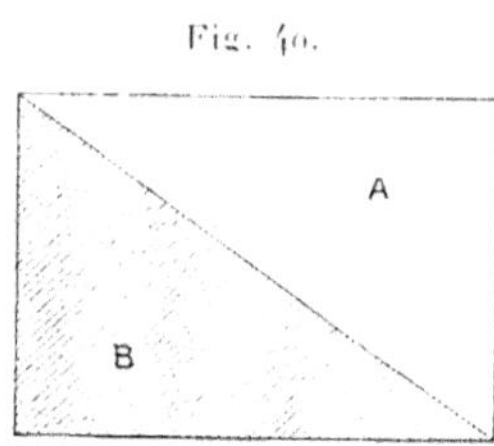

Fig. 40.

égale entre l'ombre et la lumière. Le regard ne sait pas trop où aller.

Fermons les yeux devant un tel tableau puis ouvrons-les brusquement. Vous ne savez vraiment pas si c'est le ciel ou si c'est le terrain qu'il faut regarder. Quand je dis le ciel, c'est toute la partie lumineuse A, quand je dis le terrain c'est la partie sombre B. Quoique vous en fassiez vous restez dans l'impossibilité absolue de fixer votre attention sur l'une ou l'autre des masses. Or, je le répète, un tableau qui ne nous donne pas un point pour fixer notre attention, qui ne nous donne pas une entrée, est un tableau raté du premier coup. Si, au contraire, nous avions donné plus d'importance au ciel, par exemple, notre regard irait peut-être sur le ciel, s'il s'agit d'une falaise, et vers l'horizon pour y chercher une voile quelconque. Dans tous les cas il ne serait plus indécis.

Reprenons ce même sujet d'une crête de falaise oblique, mais dans une autre condition, c'est-à-dire avec des personnages ou des accidents de terrain s'enlevant en vigueur sur le ciel. L'impression ne sera pas du tout la même. Notre regard est attiré justement par ces personnages ou ces accidents (*fig.* 41) que

Fig. 41.

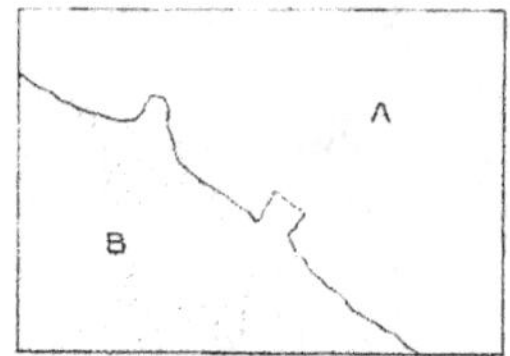

nous avons devant nous. Nous possédons un soutien. Notre dominante d'ombre, une oblique, se trouve soutenue par une verticale d'ombre aussi, si petite soit-elle.

C'est, en somme, toujours à peu près la même chose. Ce que je vous ai dit pour les lignes je puis le répéter exactement pour les formes. Il s'agit d'envisager des masses au lieu d'envisager des traits.

Ceci nous ramène au rappel et à la répétition. Nous les avons vus aussi dans les lignes. Avec la lumière, nous avons exactement la même chose, c'est-à-dire des rappels de clarté et d'ombre.

Supposons que nous ayons une partie parfaitement noire et sombre, d'une teinte absolument uniforme. Un peintre, un artiste, ne la laissera pas ainsi. Il se dit : « Ce ciel a une tonalité bleue, rouge, orange, peu importe; il a une clarté. » Alors le peintre trouve le moyen de mettre quelque part, dans cette masse noire et sombre, un rappel de lumière, une mare. Si vous n'avez pas, vous photographe, une mare à votre disposition, parce que le terrain ne s'y prête pas, vous trouverez le moyen de jeter un drap, une étoffe quelconque, pour venir faire un rappel de lumière dans les ombres, tâcher de rappeler la clarté, ou inversement, dans les lumières, tâcher de rappeler les ombres. C'est un point très délicat dont nous devons tenir compte.

Les reflets viennent aussi jouer un rôle et un rôle important. Les reflets sont des soutiens. Ils nous permettent de nous servir de l'eau comme premier plan parce qu'ils la soutiennent. En Photographie, les reflets sont d'une tonalité beaucoup plus forte que le sujet lui-même. En effet, la lumière ambiante a des rayonnements bleus et violets qui impressionnent vivement notre plaque et envahissent la couleur propre des objets. Les reflets de ces objets s'impriment beaucoup plus nettement sur notre photo-type négatif que le sujet lui-même, parce qu'ils sont justement débarrassés de ces envahissements. Cependant le reflet n'est pas toujours plus foncé que le sujet lui-même. Considérons, par exemple, le reflet d'une falaise très éclairée dans une mer calme. La falaise peut nous paraître, en réalité, plus matérielle que le reflet : ce qui est le contraire de ce que je viens de dire. A quoi est due cette différence? A la valeur de la lumière ambiante. Au plein du jour, le reflet aura plus de valeur que l'objet lui-même, par l'envahissement des rayons bleus et violets éminemment actiniques. Le soir il en ira tout autrement. Si notre falaise se trouve éclairée par le soleil couchant, nous aurons des rayons jaunes dominants, neutralisant l'effet actinique des bleus et des violets. Par conséquent, notre falaise viendra dans des conditions normales, et les reflets paraîtront moins accentués.

Les rappels et les reflets nous ramènent à la question du premier plan établi avec le secours de l'ombre et de la lumière. Le premier plan, en effet, peut être formé par une masse d'ombre, projetée par un objet dans le tableau, ou en dehors du tableau, ou par un nuage passant devant le soleil. L'ombre au premier plan constitue un soutien d'ensemble absolument remarquable. Cela se comprend. L'œil, n'étant pas ébloui dès son entrée dans le tableau, y pénètre franchement et l'ombre sert de repoussoir à la lumière qui vient après. Il est donc compréhensible que le premier plan, exécuté avec une masse d'ombre, soit un premier plan très intéressant.

Il peut s'exécuter aussi par une masse de lumière. Toutefois les parties d'ombre voisines, surtout si elles sont verticales et le premier plan horizontal, semblent ne pas bien tenir debout.

Est-ce que pour cela il nous est défendu de composer notre premier plan avec une masse de lumière? Non. Encore faut-il cependant que cette masse de lumière soit prise dans des conditions exceptionnelles. Si vous concevez un premier plan avec le soleil, par exemple, frappant sur la mer, vous aurez un premier plan qui ne soutiendra pas votre sujet. Si au lieu d'avoir de l'eau ou un terrain clair, vous aviez des tonalités sombres, telles que celles des roches brunes ou de verdures, la masse de lumière, s'éloignant de la crudité du blanc, soutiendrait mieux les masses d'ombre voisines. L'opposition déséquilibrante existe surtout lorsque nous nous trouvons en présence de cailloux ou de terrains blanchâtres, éclairés par une lumière extrêmement vive; si au lieu de ces cailloux ou de ces terrains blanchâtres nous avions un gazon très fourni, rappelant les valeurs des arbres prochains, cette différence n'existerait plus. Tenez donc compte de cette remarque, lorsque vous composerez un tableau avec une masse de lumière comme premier plan, en ayant soin de la faire frapper surtout sur des objets d'une tonalité naturellement foncée.

Maintenant, Mesdames et Messieurs, puisque vous voyez qu'il faut tenir compte absolument des tonalités, conséquemment des valeurs actiniques, rappelons-nous que dans la lumière blanche il y a différentes couleurs, que ces couleurs n'impressionnent pas notre plaque de la même façon.

Comment allons-nous faire pour en tenir compte? D'abord quelles sont les lumières qui impressionnent le plus notre plaque? Si je consulte les *Archives d'Ophtalmologie* de Graefe, je trouve que Dobrowolsky prétend que la sensibilité de notre œil est la plus forte dans le bleu et qu'elle est la plus faible dans le rouge.

Cette remarque a son intérêt pour notre plaque photographique.

D'autre part, Young nous affirme que la sensation de toutes les couleurs que nous éprouvons est simplement la combinaison de trois différentes sensations simples : sensation du violet, sensation du vert, sensation du rouge. Donc, en réalité, trois couleurs seulement impressionneraient notre rétine, et de cette triple impression naîtrait très exactement la sensation de toutes les couleurs.

Voilà, résumé en deux formules, ce qu'on trouve dans les Ouvrages de tous ceux qui se sont occupés d'Optique. Notre plaque est à peu près dans les mêmes conditions que notre œil, puisqu'elle est beaucoup plus sensible au bleu qu'au rouge. Il nous faudrait en plus, pour la rendre semblable à l'œil, arriver à lui donner, *en même temps* et à valeur égale, la sensibilité au violet, au vert et au rouge. Quand nous aurons donné à notre plaque cette propriété, nous sommes à peu près sûrs qu'elle sera sensible à toutes les couleurs et qu'elle nous donnera ainsi les tonalités de la nature avec toutes leurs nuances. Comment lui communiquer cette propriété? Plusieurs moyens s'offrent à nous.

La surexposition d'abord. Par exemple, quand vous avez trouvé que votre motif demande une seconde ou deux de pose, posez davantage. Vous me direz : « Quand on surexpose, on ne peut plus développer. » C'est une question que nous verrons au développement. Quand nous traiterons ce sujet, je vous montrerai qu'on peut très bien développer une plaque surexposée quand on veut s'en donner la peine, mais pour cela il ne faut pas prendre un développateur énergique pour aller le plus vite possible.

Sans empiéter sur les leçons suivantes, posons en principe qu'on peut surexposer. Je vous parle là en camarade qui a fait toutes ces expériences avant de venir vous les exposer et qui sait parfaitement ce qu'il dit quand il affirme qu'on peut surexposer une plaque dans une très large mesure et obtenir le même résultat sans avoir de voile nuisible au développement.

Une question se pose cependant : dans quelles limites peut-on surexposer? Voilà ce qu'il faut que nous recherchions, car je vous entends murmurer déjà : « C'est très joli de surexposer une plaque, mais il y aura un moment où notre plaque ne nous donnera plus rien. »

Il y a longtemps qu'on a fait des études là-dessus. M. Janssen a remarqué que la plaque photographique, c'est-à-dire la matière sensible qui est sur la plaque photographique passe par différents états tels que lorsqu'elle a subi une impression, si cette impression continue l'état se modifie. Le bromure d'argent précipité dans la gélatine avec un certain état moléculaire change d'état moléculaire suivant l'impression lumineuse qu'il reçoit pour revenir ensuite à son état primitif. Ainsi, théoriquement, une plaque exposée pourrait revenir, après une certaine exposition, bonne encore pour être exposée à nouveau.

Voici par quels états passe une plaque : d'abord le premier état que j'appellerai *normal,* c'est-à-dire celui nous donnant un phototype négatif. Si nous continuons l'exposition, nous arrivons à un second état que j'appellerai l'*état neutre.* Dans ce second état, notre plaque au développement ne nous donnera qu'un voile gris léger et aucune trace d'image. Celle-ci aura disparu comme par enchantement.

Continuons encore l'exposition, la plaque passera alors par un troisième état que j'appellerai *état contraire.* Contraire de quoi? De la normale. En d'autres termes, en prolongeant notre exposition, nous aurons sur notre plaque non plus un phototype *négatif,* mais un phototype *positif.*

Continuons encore l'exposition; nous allons passer alors par un quatrième état : l'*état neutre.* L'état neutre est toujours l'intermédiaire par lequel on passe. Cet état neutre nous redonnera un voile gris comme le premier et aucune trace d'image sur la plaque.

Continuons encore l'exposition, nous arriverons alors à un cinquième état : l'*état normal.* Donc, en continuant l'exposition, nous avons passé par l'état normal, par l'état neutre, par l'état contraire, par un second état neutre et nous revenons à l'état normal.

Dans quelles limites peut-on faire la surexposition pour ne pas atteindre au premier état neutre? En arrivant, en effet, à l'état neutre nous n'avons plus qu'à continuer pour revenir à l'état contraire. Il faut donc que nous puissions surexposer entre l'état normal et l'état neutre.

On a fait de nombreuses expériences à ce sujet. Cependant, dans ces derniers temps, le plus court résultat auquel on soit arrivé avec le gélatinobromure d'argent est celui-ci : prenant la normale comme unité, l'état neutre apparaît avec une pose dix-huit fois plus longue. Il faudrait donc, pour arriver à l'état neutre, poser dix-huit fois plus que pour l'état normal. Les autres états exigent les coefficients 324, 5382 et 104976. Vous voyez que si notre sujet nous a demandé une seconde de pose pour arriver à la normale, il nous faudra 104976 secondes pour le ramener à la normale. Pratiquement nous ne pouvons pas aller jusque-là.

Tenons-nous-en à la première normale. Vous voyez qu'entre 1 et 18 nous pouvons opérer. Qu'est-ce qui arrivera? En pose ordinaire, nécessaire et suffisante, le bromure d'argent sera surtout impressionné par les rayons bleus et violets, c'est-à-dire ceux qui agissent le plus sur notre surface sensible, et communiquera à l'image une certaine opacité dans les hautes lumières. Si nous augmentons la durée du temps de pose cette opacité diminuera en même temps qu'augmentera celle provenant des radiations jaunes et rouges. En augmentant suffisamment cette durée, en surexposant en un mot, nous arriverons à obtenir un équilibre plus ou moins parfait entre les radiations extrêmes rouges et violettes. Dans tous les cas, les hautes lumières tendant vers l'état neutre, qui diminue leur opacité, et les grandes ombres tendant vers leur opacité normale, nous aurons, sur notre épreuve, une relation des valeurs beaucoup plus approchée de la réalité que celle que nous aurions obtenue en posant soit pour les lointains, soit pour le premier plan. La seule difficulté gît dans le développement. Mais, je le répète, quand on sait bien le conduire, la difficulté n'existe réellement pas.

Il y a encore un autre moyen très simple, très facile, et surtout applicable aux appareils à main, qui, somme toute, nous rendent de très grands services, à nous autres artistes, au point de vue de l'animation et des grands effets de lumière que nous ne pourrions guère saisir s'il fallait, pour les prendre, monter un appareil sur pied. Ce moyen consiste dans l'emploi d'un écran translucide jaune clair.

La surexposition n'est guère praticable avec les appareils à main, par cela même qu'on les tient à la main. C'est donc le cas de se servir d'un écran jaune clair qui multipliera la durée du temps de pose par 1 ½ ou 2. L'écran jaune clair multipliant la pose, même par 2, vous permettra toutes les instantanées possibles, surtout si vous vous trouvez dans un endroit bien éclairé et si votre objectif est assez lumineux pour vous permettre de travailler à F/8 ou au-dessus. Au bord de la mer, où les radiations bleues et violettes sont très fortes, puisque nous avons toujours beaucoup de ciel et des reflets d'eau, l'écran jaune clair se présente même comme d'une absolue nécessité dans tous les cas. Vous devez à tout prix tâcher de diminuer l'action des radiations bleues et violettes ; autrement vous auriez une mer sans transparence, des lointains se perdant très aisément et un ciel immuablement blanc. Or le ciel demeure le grand charme des marines. Les marines sans ciel, tout comme d'ailleurs les paysages sans ciel, ne valent pas grand'chose au point de vue artistique.

Dans ces conditions, un simple écran jaune clair, quand vous voudrez même faire de l'instantanéité, vous rendra le service de vous donner tous les lointains et d'arrêter très suffisamment les radiations bleues et violettes pour que votre paysage vienne en bonne valeur, et le plus souvent, pour ne dire toujours, avec son ciel.

Maintenant nous allons passer à un troisième moyen, plus complet. Je veux parler de l'emploi de la plaque orthochromatique, c'est-à-dire de la plaque sensibilisée de telle façon qu'elle soit plus impressionnable que la plaque ordinaire aux radiations autres que le bleu et le violet. Pour nous, paysagistes, il suffit que cette augmentation de sensibilité s'étende aux rayons jaunes et verts. Il existe de ces sortes de plaques dans le commerce. Nous pourrions les préparer nous-mêmes ; je trouve qu'il vaut mieux les acheter.

Si nous nous servons de plaques orthochromatisées au jaune et au vert, qu'arrivera-t-il ? La matière colorante mise dans l'émulsion pour atteindre à ce but arrêtera justement, par elle-même, et éliminera une partie des rayons bleus. Par conséquent, si vous vous servez de ces plaques orthochromatiques, au lieu de plaques ordinaires, vous obtiendrez toujours et dans tous les cas un bien meilleur résultat. Vous aurez une image que nous nommons, en termes d'atelier, *bien piquée*, c'est-à-dire brillante, nettement délimitée, et non pas outrageusement nette dans tous ses plans, comme le croient ceux qui comprennent mal cette expression. Les plans seront bien mieux accusés et beaucoup mieux déterminés. Je vous engage donc à faire exclusivement emploi de ces plaques.

On a beaucoup dit et beaucoup crié contre les plaques orthochromatiques. Ici il nous faut faire un peu la guerre aux moulins à vent, c'est-à-dire aux préjugés, et imiter Cyrano de Bergerac. On a dit des plaques orthochromatiques : elles ne se conservent pas; elles offrent des difficultés au développement; elles sont moins rapides que les plaques ordinaires; elles nécessitent l'emploi d'un écran jaune; elles grisent et se décollent.

Examinons successivement ces différents points. D'abord : *Elles ne se conservent pas.* J'ai fait différentes œuvres l'été dernier avec des plaques orthochromatiques qui étaient chez moi depuis près de deux ans. Nous pouvons admettre qu'elles étaient depuis un mois ou quinze jours chez le marchand, et je ne me trompe guère en portant nettement à deux ans leur conservation.

Je n'ai pas pris d'autre précaution pour les garder que de les tenir dans un endroit sec. Toutes, sans exception aucune, m'ont donné de très bons résultats.... Par conséquent les plaques orthochromatiques, sensibles au jaune et au vert, se conservent tout comme les plaques ordinaires.

Elles offrent des difficultés au développement. Pourquoi donc en offriraient-elles? Ces plaques sont, disons-nous, sensibles au jaune et au vert et nous avons coutume de développer avec la lumière rouge de notre laboratoire. Or cette lumière rouge, celle que nous devons toujours avoir, ne laisse pas passer les rayons verts et jaunes. Une bonne lumière rouge de laboratoire doit, en effet, laisser passer du rouge ou de l'orangé seulement. Nous pouvons manipuler notre plaque orthochromatique exactement comme la plaque ordinaire, puisqu'elle n'est pas plus sensible que celle-ci aux radiations rouges et orangées. Il en serait un peu autrement s'il s'agissait d'une plaque orthochromatique sensible à toutes les radiations, plaque excellente que nous trouvons dans le commerce sous le nom de *plaque panchromatique*. Ce n'est pas le cas pour le paysagiste.

Elles sont moins rapides que les plaques ordinaires. Oh! si peu, si peu, que je vous certifie que cette différence de rapidité est à peu près nulle. Dans la pratique courante, au moins, vous n'avez pas à la compter.

Au demeurant, prenons la plaque orthochromatique Lumière, série A, c'est-à-dire sensible au jaune et au vert. L'émulsion est identiquement la même que celle des plaques Lumière étiquette bleue. Seulement cette émulsion a été trempée dans une matière colorante qui lui a communiqué une teinte rosée, alors qu'à l'état ordinaire cette teinte est jaune verdâtre. Toute la différence de rapidité gît dans cette différence de coloration de l'émulsion, différence extra-faible, négligeable, pratiquement nulle.

Elles nécessitent l'emploi d'un écran jaune. Je viens de vous expliquer justement qu'elles avaient, de par la matière colorante de leur couche, l'avantage d'éviter l'emploi de l'écran jaune clair que nous devons forcément employer avec les autres plaques, pour ainsi dire d'une manière constante.

Elles grisent et se décollent. Oui, quelquefois, mais seulement dans le cas où on les développe dans des bains très chargés d'alcali ou avec des développateurs extra-rapides et soi-disant énergiques. Elles n'aiment pas être traitées avec brutalité, et elles ont raison : la brutalité ne donne jamais rien de bon; traitez-les avec douceur, sans cependant aller en trop grande douceur, comme des plaques très légèrement surexposées, et vous verrez qu'il n'y aura ni voile, ni décollement.

Toutefois, il est certain que si les plaques orthochromatiques peuvent être employées exclusivement pour le travail courant et au lieu et place des plaques ordinaires, elles ne donnent, sans écran, qu'un orthochromatisme très faible. Au contraire, les munissons-nous d'un écran jaune, l'orthochromatisme se fait mieux, la valeur des tons se transforme. Nous avons alors la relation exacte des tons naturels. Dans tous les cas? Non, pas dans tous les cas; il y a des cas où l'écran jaune n'est absolument pas nécessaire, et dans beaucoup de cas, c'est-à-dire dans tous les cas où vous n'aurez pas de grandes dominantes en bleu et en violet, vous pouvez négliger de vous servir de l'écran jaune ou alors vous servir d'un écran suffisamment clair pour ne pas

multiplier la pose par plus de 2 ou 3. J'avoue franchement que je
préfère même surexposer légèrement. En principe, un écran qui
multipliera la pose par 4 ou 6, mettons 6, vous donnera l'orthochromatisme complet, avec presque tous les motifs, excepté, je le
répète, lorsque vous vous trouverez en présence de radiations

Fig. 42.

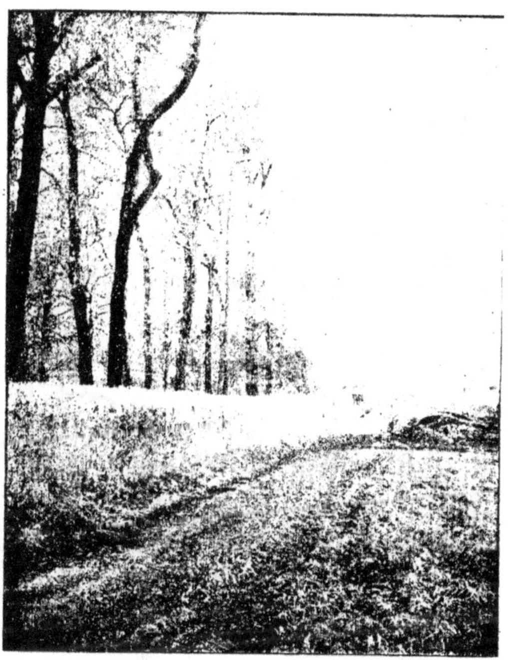

Effet de givre, sans écran jaune.

bleues et violettes contrastant violemment avec des radiations
blanches. Alors là, il faut y aller franchement, c'est-à-dire aller
jusqu'au bout de l'orthochromatisme. Si nous avons l'état neutre
avec 18, il faut aller au moins à 15 avec l'écran multipliant la
pose par 15; mais dans ces conditions les résultats sont parfaitement appréciables, quelquefois même trop appréciables, si le

temps de pose original est trop long et que sa multiplication vous donne, par conséquent, une surexposition notable.

Prenons un effet de givre, par un soleil éclatant. Pas un nuage au ciel, mais un bleu parfait. Je me suis servi d'une plaque orthochromatique sans écran (*fig.* 42). Que remarque-t-on dans cette

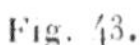

Fig. 43.

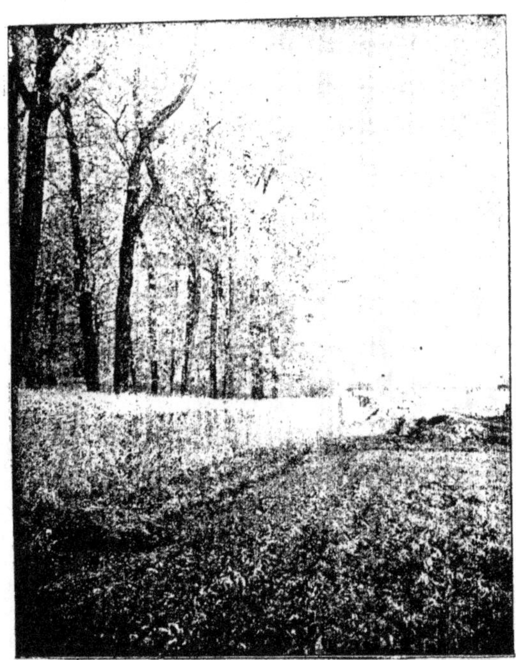

Effet de givre, avec écran jaune.

épreuve? Le givre, qui est la note blanche, se détache en gris sur le ciel gris lui-même. Dans la nature le givre se détachait en blanc sur du bleu. Dans la traduction que nous devons faire, le blanc doit rester blanc, et le bleu se traduire en gris léger. Il n'en a rien été. L'effet de la nature est pour ainsi dire renversé.

Reprenons le même effet, avec une même plaque orthochromatique, mais en employant cette fois l'écran multipliant la pose par 15. L'effet est totalement différent (*fig.* 43). Le givre, au lieu d'être gris sur fond sombre, se trouve maintenant parfaitement blanc sur fond gris, effet correct du blanc sur le bleu.

Ainsi il n'y a pas de doute : l'orthochromatisme nous rend des services considérables et, lorsqu'on veut atteindre à l'art, on ne saurait le négliger, car il est des cas extrêmes où, si bonne qu'elle soit, la surexposition ne peut atteindre à l'effet réel.

Toutefois, dans les cas ordinaires, j'incline à préférer la surexposition à l'emploi des écrans, d'autant qu'il y a danger avec ceux-ci de fausser totalement l'effet, si le temps de pose originel n'est pas absolument correct. *La surexposition avec des plaques orthochromatiques et l'écran jaune est tout à fait désastreuse.* Je ne saurais trop appeler et retenir votre attention sur ce point. En effet, les radiations bleues, trop arrêtées, presque éliminées, arrivent à nous donner du blanc pour la traduction des verdures claires. Il en résulte que toutes les parties éclairées des frondaisons prennent un aspect neigeux.

Ces conclusions, Mesdames et Messieurs, serviront de terme à la leçon d'aujourd'hui. La prochaine fois nous verrons les différents genres de paysage, c'est-à-dire le paysage simple et composé, les sous-bois et les marines, et, avant de passer à la question très intéressante du développement, qui prendra la cinquième leçon, je vous mettrai au courant des petits trucs permettant à l'opérateur de modifier sa photocopie positive dans un sens artistique plus ou moins légitime.

QUATRIÈME LEÇON.

GENRES DIVERS ET DIFFÉRENTS TRUCS.

MESDAMES, MESSIEURS,

Par la perspective linéaire et la déformation apparente des lignes; par la composition de ces mêmes lignes et de leur équilibre; par la lumière se jouant dans l'atmosphère, donnant des tonalités différentes; par la façon dont les formes sont éclairées avec leurs ombres et leurs demi-teintes, nous avons appris à voir, nous avons acquis la possibilité de voir. Qu'avons-nous à voir? La nature, le tableau à faire, le paysage.

Combien de gens vont se promener dans la campagne, les uns ayant des connaissances esthétiques ou des aptitudes sensorielles plus ou moins développées, les autres n'ayant aucune de ces connaissances : ceux-là verront des tableaux à peu près à chaque pas, alors que les autres ne verront absolument que de la terre, de l'eau, du ciel et des arbres.

Considérons donc un peu ce que nous devons voir, c'est-à-dire le paysage. Le *paysage*, en nous en tenant au sens propre du mot, est l'étendue de pays que l'on voit sous un seul aspect. Cette étendue est déjà forcément très grande. Notre œil, dans son balancement continuel, peut embrasser deux angles droits, c'est-à-dire 180°. Si nous le maintenons à peu près fixe, fixité qui garde encore de la mobilité, il embrasse certainement 90°. Or nous avons vu que la surface utilisable de notre tableau, c'est-à-dire notre plaque, ne nous permet guère d'embrasser un angle aussi grand. Il en est de même d'ailleurs du peintre, étant données les lois de la perspective que nous avons expliquées dans la première leçon.

Donc, la surface utilisable de notre tableau reste plus petite que le paysage entrevu. Mais, dans un paysage, nous pouvons considérer certaines parties qui, à elles seules, forment un ensemble et un tout : c'est ce qu'on appelle le *site*. Dans les beaux-arts, on a donné tout simplement le nom de *paysage* au site.

Le site peut se présenter à nous comme un sujet : presque tous les sites se présenteront à nous comme des sujets. A l'artiste de juger si le sujet est un motif d'art, s'il est suffisant pour former un tableau, pour satisfaire aux trois facteurs dont nous avons parlé, c'est-à-dire satisfaire nos sens, notre raison et notre intelligence.

De plus, il pourrait être un motif d'art pour un peintre ou pour un poète, et pas du tout un motif d'art pour un photographe. En d'autres termes : il faut qu'il soit un motif d'art pour l'art dans lequel on veut le traduire et, en ce qui nous concerne, nous autres photographes, pour l'interprétation en blanc ou en noir.

Ainsi, prenons un exemple en dehors du paysage pour qu'il saute mieux aux yeux. Voici un sculpteur. Il se trouve devant une belle académie. Que veut-il? Que cherche-t-il? La ligne, la forme. Quand il aura fait sa statue, il l'éclairera comme bon lui semblera en la plaçant dans l'endroit le plus propice à la mettre en valeur. La statue étant sur un piédestal, nous tournerons tout autour et nous la verrons comme nous voudrons. Donc quand le sculpteur conçoit et exécute sa statue, l'éclairage lui importe peu, il n'a pas à y faire attention : il place son modèle là où il est le mieux pour la facilité de son travail.

Venons, nous photographes, nous mettre à côté de ce sculpteur. Nous avons devant nous la même académie. Elle est, corporellement, aussi belle pour nous que pour le sculpteur. Cependant, sur le verre dépoli de notre chambre noire, nous remarquons qu'elle n'a pas le relief suffisant. Il nous la faudrait mieux éclairée.

Telle quelle, elle n'est plus pour notre art un motif d'art : nous ne pourrions pas la traduire exactement en blanc et noir; nous n'aurions d'artistique que ses lignes, et encore! Pour qu'elle soit un motif d'art dans l'art qui nous intéresse, il faudrait qu'elle eût, en plus des lignes, le modelé, l'éclairage, le relief en un mot. Voilà la différence qui existe entre les différents motifs. Le sujet doit être un motif d'art pour l'art lui-même dans lequel on doit le traduire.

Revenons au paysage. Nous devons d'abord nous rendre compte de l'ordonnance des lignes, de leur bonne fuite, de l'ensemble des masses, du ton local, des noirs et des blancs, des demi-teintes qui les lient et les détachent les uns des autres, et aussi, nous photographes, de la valeur actinique des colorations. Car, ne l'oublions pas, c'est la valeur actinique qui va impressionner très différemment notre plaque dont le but est de rendre toutes les teintes au moyen d'une interprétation qui demeure purement et simplement du blanc et du noir. Il faut nous rendre compte également de la valeur de l'éclairage, bien juger en un mot ce qu'est le site et s'il peut nous permettre de nous écrier : *C'est là un tableau!* c'est-à-dire la partie détachée du grand tout qui nous a arrêtés et que nous avons admiré, et une partie pouvant, à elle seule, former un tout complet.

Si nous avons les qualités de simultanéité dont nous parlions dans la seconde leçon, nous aurons ce jugement à peu près de prime coup sur nature, mais nous ne l'aurons qu'imparfaitement, nous ne l'aurons pas d'une façon absolue à moins d'être très habitués aux choses d'art, d'avoir l'œil. Et encore, non, on ne l'aura même pas dans ces conditions-là.

Il faut qu'on fasse abstraction de tout ce qui est en dehors du site que nous voyons. Il faut que nous puissions l'envisager seul pour pouvoir le mener à une bonne composition. Pour cela, nous avons le verre dépoli qui encadre notre motif, le voile noir qui nous isole de la lumière ambiante et nous cache tout ce qui est en dehors de notre sujet.

Le verre dépoli nous permettra de bien voir, de bien ordonnancer, d'acquérir une certitude aussi complète que possible de la valeur des tonalités.

Cependant, dans le verre dépoli, nous devons éviter l'éblouissement. Il est certain que les rayons de lumière, concentrés par la lentille de l'objectif, sur une surface relativement petite, éclairent vivement l'image formée sur le verre dépoli, lui donnent un éclat qui est très charmeur mais souvent faussé. Les couleurs paraissent très vives. Nous devons nous méfier de ces colorations chatoyantes. C'est un mirage qui nous trompe bien souvent. Nous sommes tout étonnés d'avoir vu une si jolie chose sur le verre dépoli et de voir quelquefois une chose si médiocre sur la photocopie positive. C'est que, ne l'oublions pas, il y a des couleurs qui impressionnent très différemment notre surface sensible et qu'il faudrait pouvoir les détacher les unes des autres, les considérer chacune en particulier.

On a déjà proposé certains moyens. Je ne dirai pas que je les approuve pleinement. Ils sont bons en eux-mêmes et peuvent surtout bien servir dans les débuts vers l'art. On a proposé le verre dépoli coloré. Ce n'est pas nouveau. Du reste, on peut dire que tout ce qu'on lance comme nouveau, en Photographie, est du vieux neuf.

On a donc proposé le verre dépoli coloré. Je crois que c'est à Monckhoven qu'est due cette idée. C'est assez difficile d'avoir une couleur nous permettant, ce qui serait très utile, de regarder notre tableau en blanc et en noir, c'est-à-dire monochrome, débarrassé de toutes les couleurs chatoyantes. Monckhoven a proposé le marron qui assombrit beaucoup certaines couleurs.

À Vienne, où l'École d'Art photographique est très avancée, de même qu'en Angleterre, on a proposé le verre bleu.

Dans la série des appareils à main (je crois que cela n'a pas été fait exprès et que c'est un hasard de construction) il y a la photo-jumelle J. Carpentier, qui possède, devant son viseur, un verre rouge, nécessaire pour l'escamotage des plaques et qui nous permet de voir une image monochrome.

Laquelle devons-nous prendre de ces trois couleurs? Celle, Mesdames et Messieurs, que vous estimerez vous rendant le meilleur service. Mais, dans tous les cas, usez du verre dépoli coloré surtout dans le début de vos travaux d'art.

La difficulté est de se procurer un verre dépoli coloré, surtout si l'on veut essayer de plusieurs couleurs. Dans le commerce, on ne vous en donnera pas. J'absous, sur ce point, complètement les commerçants : s'il leur fallait tenir compte de tous ces petits désirs de l'amateur ou de l'artiste, il leur faudrait bientôt fermer boutique.

Je vais vous fournir un moyen bien simple d'obtenir ce qui vous manque. Prenez une plaque sensible, exposez-la un temps très court à 30^{cm} à peu près de la flamme d'un bec de gaz papillon, puis développez-la. Vous aurez un joli voile gris sur toute la plaque, mais un voile gris uniforme. Fixez, lavez comme s'il s'agissait du plus beau des phototypes négatifs. Quand ces opérations seront terminées, immergez la plaque dans une solution de bichlorure de mercure à un titre quelconque. Il n'importe, pourvu que nous substituions un sel de mercure à l'argent, de façon à rendre blanchâtre notre voile gris. Vous n'avez plus qu'à tremper la plaque dans une matière colorante. La voulez-vous bleue? Prenez du bleu de blanchisseuse. Voulez-vous une autre couleur? Prenez une couleur d'aniline. Vous aurez ainsi différents verres colorés d'un dépoli très fin et vous pourrez faire tels essais qu'il vous plaira.

Le seul défaut que je trouve, personnellement, à cette méthode, c'est de nous empêcher de vérifier l'actinité de certains tons, ce qui est très gênant. En effet, regardez attentivement sur un verre dépoli blanc, faites cette expérience par un beau soleil et examinez les ombres. Je vous parlais la dernière fois de la lumière envahissante. Vous verrez des ombres, qui, à l'œil, vous paraîtront brunâtres, apparaître bleutées sur le verre dépoli. Vous percevez mal cette tonalité sur un verre dépoli coloré donnant une image monochrome. Sur le verre dépoli, nous voyons donc mieux que directement? Certainement, l'image étant plus petite, plus localisée, isolée. De plus, sur le verre dépoli, elle se présente à l'envers. Il n'y a rien de tel que de voir les gens, et les choses, à l'envers pour bien les connaître.

Lorsqu'un peintre exécute un portrait, lorsqu'il veut se rendre compte de l'exactitude de son dessin, qu'est-ce qu'il fait? Il prend sa toile et la met devant une glace. Immédiatement le moindre défaut lui saute aux yeux. En effet, tout ce qui était à droite se trouve à gauche; les plus petites imperfections d'équilibre deviennent apparentes. De même, sur notre verre dépoli, nous voyons l'image la tête en bas, nous ne la voyons plus comme dans la nature, nous voyons beaucoup mieux, et nous apparaissent des choses que nous saisissions mal ou que nous ne saisissions pas à l'œil nu.

Dernièrement, lorsque j'ai photographié des épreuves de givre, j'ai remarqué sur le verre dépoli certaines ombres qui paraissaient jaunâtres à l'œil; or elles étaient en réalité bleues et le verre dépoli les montrait ainsi. Il fallait tenir compte de ce phénomène pour le temps de pose.

Au point où nous en sommes, Mesdames et Messieurs, vous avez examiné votre motif sur le verre dépoli, vous en avez localisé une certaine partie, vous avez trouvé un sujet qui est un motif d'art. Alors vous allez poser? Non point. Ne vous pressez pas de poser : plus vous opérez vite, moins vous opérez sûrement.

Du moment où vous avez constaté que l'image reçue sur le verre dépoli était bien un motif d'art, c'est le moment du travail esthétique. Il faut reculer, avancer, se baisser, il faut inventer votre tableau, comme je vous le disais l'autre soir, c'est-à-dire trouver par la force de votre esprit la meilleure position de l'horizon, la meilleure composition des lignes, car il peut y en avoir huit ou dix bonnes. Dans ces bonnes, cherchez la meilleure. Mettez en œuvre toutes vos qualités : qualités de simultanéité, qualités de liberté, qualités de tempérament, toutes les qualités en un mot que vous devez avoir de par l'étude et de par vos aptitudes naturelles. Appliquez-vous à votre art. Vous aurez peut-être beaucoup de mal à vous satisfaire, vous trouverez peut-être que votre tableau n'est pas aussi bien ici que là. En vérité, je vous le dis, c'est à ce moment-là que commence votre travail esthétique. Peut-être sera-t-il long.

Cet ensemble obtenu, devrez-vous opérer? Non, pas encore. Lorsque cet ensemble sera obtenu, il faudra commencer à examiner les détails, voir si ces détails conviennent avec le genre dans et pour lequel vous travaillez.

Cela implique donc qu'il y a plusieurs genres? Oui certainement il y a plusieurs genres. Cette admission de plusieurs genres est assez conventionnelle, mais elle a sa raison d'être. Il est certain, par exemple, que, si vous avez une bande de terrain avec des rochers, un de ces terrains brunâtres et roux que vous rencontrez très souvent dans les landes ou au bord de la mer, tantôt cette bande de terrain roux est environnée d'arbres verts, tantôt vous avez la même bande environnée d'eau. Comme je vous l'expliquais dans ma dernière leçon, vous aurez, dans cette couleur brunâtre, d'un côté l'envahissement de la lumière verte, et de l'autre l'envahissement de la lumière bleue. Vos valeurs seront très différentes. Si vous posez le même temps dans les deux cas, vous obtiendrez un résultat tout à fait différent. Il faut donc examiner les détails, tâcher de connaître leur valeur actinique et comment on peut les photographier.

Dans cette classification conventionnelle des genres, commençons d'abord par le paysage, que j'appellerai *simple* ou *composé*.

Le paysage, c'est l'étendue de pays, c'est la campagne, c'est par conséquent tout terrain présentant des arbres et des eaux douces, avec la partie commune à tous les genres : le ciel.

Nous allons aborder de suite la question du ciel. Si un peintre, du plus grand talent ou du plus grand renom, venait vous montrer un dessin à l'encre de Chine, ou, autrement, un dessin parfaitement fini, mais ne possédant pour ciel que le blanc du papier, vous le regarderiez surpris en lui disant : « Il manque quelque chose. » S'il vous répondait : « Non, c'est très bien comme cela », dans votre for intérieur vous lui donneriez certainement une épithète qui serait plus ou moins poliment enveloppée, mais qui en somme correspondrait à quelque chose, permettez-moi l'expression, comme *crétin*. Vous diriez : « C'est un crétin de ne pas m'avoir fait le ciel; il a manqué son tableau ».

Cependant, les trois quarts du temps, et même 99 fois sur 100, les photographes nous présentent un ciel blanc. Un ciel blanc? Mais cela n'existe pas! Le peintre lui-même qui a fait son camaïeu, s'il a eu à rendre un ciel bleu, a dû le marquer par une teinte; s'il a eu un ciel gris, il a dû également le marquer par une autre teinte.

Or le ciel, dans la nature, comment se présente-t-il? Rarement uniforme, puisqu'il a des nuages. Quand cette uniformité existe nous la trouvons dans un gris ou dans un bleu plus ou moins accentué. Or toutes les couleurs doivent se traduire, dans le blanc et noir, par des nuances qui seront, comme chez nous autres photographes, des nuances de gris.

Le ciel parfaitement blanc ne peut et ne doit pas exister. S'il existe, c'est qu'on a eu de l'empâtement au développement, c'est qu'on n'a pas su développer son phototype négatif.

La dernière fois nous avons terminé la séance en projetant une épreuve de givre. Elle avait été faite par un ciel parfaitement bleu, tout ce qu'il y a de plus pur. Le givre était blanc, on ne pouvait pas lui donner une autre couleur. Or le blanc du givre se détachait sur le bleu du ciel, le bleu du ciel étant représenté par une teinte grise. Si j'avais tiré l'épreuve de façon à voir ce que les photographes nous montrent trop constamment, c'est-à-dire un ciel blanc, le givre n'aurait pas paru du tout.

Vous voyez donc bien que le ciel en Photographie doit toujours exister, quand bien même il possède un ton uniforme. Que ce soit du gris, ou que ce soit du bleu, nous ne saurions le traduire par du blanc.

Nous avons vu que, pour le bon équilibre de l'horizon et du paysage, il nous fallait placer notre horizon à un tiers du tableau, en partant de la base, de cette façon nous laissons les deux tiers du tableau au ciel.

Ce ciel, il faut le meubler. Je sais bien que nombre de gens, imitant Gribouille, se jettent à l'eau de peur de se mouiller. Au lieu de conserver les deux tiers du tableau pour le ciel, ils montent leur horizon jusqu'à la bordure pour avoir tout le reste en terrain. Ce n'est plus de l'art, ce n'est même plus avoir conscience de faire de la bonne photographie.

Le ciel domine dans la nature. Par son coloris, par son harmonie, par la lumière ou les ombres qui descendent de sa voûte et qui modèlent ses nuages, la nature semble y avoir mêlé toutes ses séductions. Il faut donc saisir le ciel, en représenter les détails et l'ensemble. Nous verrons la prochaine fois, au moment du développement, comment on doit s'arranger pour atteindre à ce résultat.

Lorsque je dis le ciel, d'une façon générale, j'entends le ciel avec des nuages. Je laisse de côté le ciel gris ou le ciel bleu. En matière d'art, ce sont des cas particuliers. Si, sur le verre dépoli, le ciel s'est montré en même temps que le motif, il concourait donc au motif; il concourait à l'ensemble que nous avons choisi et qui a été pour nous un motif d'art. De là, nécessité absolue de le prendre en même temps que le paysage : on peut très bien le prendre; nous le verrons.

Il existe des écoles qui préfèrent prendre le paysage immédiatement, et ensuite le ciel, immédiatement aussi, en variant le temps de pose. C'est très bien; nous examinerons tout à l'heure ce truc, c'est-à-dire le moyen de rapporter le ciel. Une telle manière d'opérer est bonne pour les gens qui possèdent une patience considérable et ne craignent pas de lutter contre des difficultés qu'on arrive difficilement à vaincre. Mieux vaut prendre le ciel, au demeurant, comme il se montre sur la glace dépolie; car, remarquez-le, si vous voulez bien suivre et regarder le développement (ceci est toujours possible du moment que vous avez dans votre laboratoire un verre rouge qui vous permet de voir assez clair sans voiler), vous verrez toujours votre ciel arriver le premier, qu'il ait ou non des nuages. Seulement il se *bouche* peu à peu et l'on s'aperçoit vite qu'on n'a bientôt plus qu'une plaque noire si l'on ne sait pas bien développer.

Si nous prenons le ciel avec sa délicatesse et sa finesse, nous prendrons de même les lointains, attendu qu'ils sont moins difficiles que le ciel, étant formés de radiations bleues et violettes moins vives et moins nombreuses.

En dehors de l'orthochromatisme, rappelez-vous que vous pouvez employer la surexposition ou l'écran jaune.

Après avoir examiné vos lointains, vous devrez examiner vos bancs de roche; voir si leur tonalité s'harmonise bien avec le terrain; voir, comme je vous le disais tout à l'heure, s'ils sont entourés par une dominante en vert, en bleu ou en jaune. Vous aurez après à vérifier les fabriques : détail assez important encore, car les fabriques doivent participer au tableau, être dans lui, non en dehors de lui, ne pas prendre, comme cela se voit les trois quarts du temps, la moitié ou les deux tiers du tableau.

Elles doivent simplement former note, ne pas gêner l'ensemble,

ni surtout masquer le ciel, ce grand régulateur de l'air et de l'harmonie.

Après les fabriques, il reste à considérer les masses, surtout les
masses d'arbres : elles jouent forcément un grand rôle.

Premier point : les arbres dans la nature constituent des masses,
entourées de lumière et d'atmosphère. Nous devons garder déjà
la sensation de cet enveloppement. Les arbres montent, mais nous
savons qu'au-dessus d'eux il y a le ciel. Lorsqu'on prend un sujet
de paysage, qu'on veut faire un motif d'art, il faut éviter de
couper les arbres et de les étêter. Autrement, on n'aurait pas la
perception de leur enveloppement.

Les masses sombres dans la nature paraîtront encore plus sombres sur notre tableau, à nous autres photographes, parce que les
verts sont plus difficiles à imprimer que les bleus et les violets. Il
faut donc éviter la solidité et la lourdeur et, pour cela, arrêter les
radiations bleues qui enveloppent trop l'arbre.

Un écueil surgit. Si vous arrêtez trop les radiations bleues,
comme le vert est lui-même composé de bleu et de jaune, vous
courez le grand risque de détruire complètement la valeur des
verts en ne laissant venir sur la plaque que les jaunes qui entrent
dans leur composition. Voilà un point qui fait que beaucoup de
bons esprits ont déclaré l'orthochromatisme mauvais, l'emploi de
l'écran jaune néfaste, assurant qu'avec eux tout effet se trouvait
détruit, tout relief remplacé par la platitude. Si vous vous êtes
servi d'un écran jaune trop foncé, qui a trop arrêté de radiations
bleues, qui ne s'est pas contenté d'arrêter les radiations bleues
ambiantes, mais a arrêté aussi les radiations bleues concourant
au vert des arbres, il est certain que la valeur du vert est remplacée par la valeur du jaune, que l'effet change et que votre
paysage devient plat. Rien de cela ne se présente si vous avez su
choisir la valeur de votre écran ou le degré de votre surexposition.

A côté des arbres, nous avons les masses d'eau à bien considérer encore sur le verre dépoli, car elles jouent un rôle très important dans le tableau. Elles jouent le rôle de miroir ; elles ont des
reflets. Nous avons vu que ces reflets, excepté le soir au couchant,
à la lumière jaune, étaient toujours beaucoup plus foncés que
l'objet lui-même et que nous courions le grand risque de déséqui-

librer notre tableau, si nous n'avions pas le soin d'empêcher les reflets que nous avons dans les eaux de venir trop. Avec l'eau, et l'on n'y pense pas assez, il faut aussi se méfier de l'éclairage, se méfier du soleil qui peut frapper l'eau et être réfléchi comme par un miroir. Les ondes bleues et les ondes violettes étant les plus réfléchies, nous aurons une prédominance de bleu et de violet ; notre phototype négatif nous présentera non pas un voile, si nous avons bien su développer, mais une tonalité en gris générale, provenant d'un affaiblissement des valeurs dû à la trop grande diffusion des radiations bleues et violettes.

Malgré toutes ces considérations, le tableau quelquefois ne

Fig. 44.

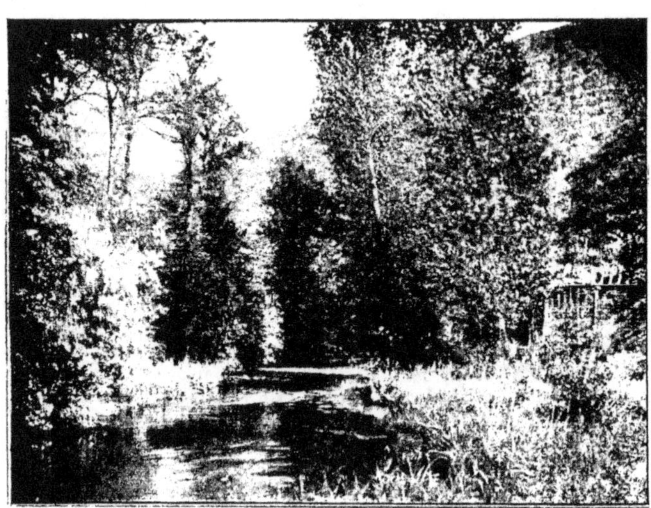

Tournant du Noireau à La Louvière.

vous saisit pas. Vous vous faites la réflexion que nous faisions l'autre jour avec le premier plan en pleine lumière. Vous vous dites, par exemple : Ce serait beaucoup mieux si cette grande lumière du premier plan était un peu ombrée. Alors attendez

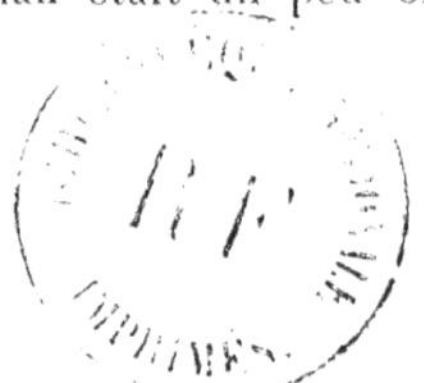

encore avant d'opérer. Attendre n'est pas perdre du temps, en matière d'art. Un nuage peut passer sur le soleil, et jeter sur votre tableau, en guise de repoussoir, une projection d'ombre qui vous servira à ravir. Dans l'attente, quelques petits nuages blancs, si vous avez affaire à un ciel pur, pourront venir se placer à côté des masses de verdure sombre. Combien souvent les plus beaux effets ne sont dus qu'à l'attente et à la patience!

De plus, encore, quand vous aurez composé vos repoussoirs au premier plan, vos balancements d'ombre et de masses claires, vos soutiens de verticales d'arbres par des horizontales et des obliques de lumière, reprenez l'analyse diagrammétique de cet ensemble et voyez si cette analyse reste simple, lisible à première lecture et n'est pas devenue un peu plus complexe; d'autant plus, ne l'oubliez pas, que nous considérons actuellement le paysage simple, celui dans lequel nous devons entrer avec facilité, qui peut et doit être artistique par une grande simplicité de moyens : par exemple, un simple tournant d'eau (*fig.* 44). Ce genre de sujet nous permet de très bien entrer dans le tableau. Il a aussi cet avantage immense d'être un tournant. Une fois que nous sommes entrés dans le tableau et que nous suivons le fil de l'eau, nous nous portons derrière les grands arbres. Notre esprit lui-même se demande en quelque sorte ce qu'il y a dans l'au delà; c'est déjà un moyen pour éveiller chez nous le troisième facteur, c'est-à-dire l'intelligence.

En réfléchissant à tout ce que je viens de vous dire vous pourrez peut-être me demander : Lorsqu'on veut exécuter un paysage simple, que doit-on employer pour arrêter les radiations bleues, les radiations violettes et accélérer les radiations vertes surtout? Doit-on employer un écran jaune ou des plaques ortho-chromatiques? Pour les plaques orthochromatiques, c'est une affaire entendue, nous avons réglé cette question. La plaque orthochromatique doit être toujours et dans tous les cas em-ployée par l'artiste, à l'exclusion des plaques ordinaires.

Mais doit-il employer un écran jaune ou se servir d'un autre procédé? Je crois, c'est mon expérience, d'autres peuvent avoir des avis contraires, je crois d'une façon générale que l'écran est utile, mais qu'il est souvent dangereux et très dangereux même dans le cas du paysage simple. Nous verrons ultérieurement que c'est l'inverse dans d'autres cas; mais dans le cas du paysage il en va autrement, par la raison que je vous donnais tout à l'heure : l'écran peut arrêter trop de bleu et agir de telle sorte que les verts ne laissent plus passer que les radiations jaunes. Je crois beaucoup plus simple et beaucoup plus commode, c'est d'ailleurs ma façon de travailler, de surexposer dans le cas du paysage. Vous avez un tableau de temps de pose aussi exact que possible; s'il vous indique par exemple deux secondes, vous pouvez carrément poser quatre ou six secondes, même plus si vous êtes très habile au développement.

Vous avez vu, dans la dernière leçon, que nous avions, entre la prise du négatif normal et la teinte grise du premier état neutre, dix-sept facteurs à employer; nous pouvons donc nous mouvoir entre ces dix-sept facteurs. Dans tous les cas, lorsque vous saurez développer vos plaques, vous pourrez largement, sans aucune espèce de crainte, poser trois, quatre ou cinq fois plus qu'il ne faut. Dans ces conditions-là, vous aurez certainement rétabli l'équilibre entre les diverses valeurs d'actinisme différent.

J'insiste sur ce phénomène de la surexposition; je ne sais pas si l'on m'a bien saisi la dernière fois, j'étais forcément obligé d'aller un peu vite. Lorsque vous exposez, les lointains viennent les premiers, ce sont eux qui s'impressionnent le plus vite parce que, justement, comme je vous l'ai expliqué, ils ont des radiations bleues et violettes.

Si vous continuez l'impression un peu pour les verts du premier plan, les lointains vont continuer à être impressionnés; mais, d'après la théorie de la surexposition, il arrivera un moment où l'intensité de l'impression diminuera, où cette intensité retournera pour ainsi dire en arrière afin de former un gris. C'est au moment où ce gris formera la valeur que vous voulez avoir, que vous devez avoir par rapport aux verts du premier plan, c'est à ce moment qu'il faut arrêter la pose. Quand est-il ce moment? Je suis incapable de vous le préciser. L'expérience seule peut vous le dire. Surexposez plusieurs fois avec intelligence, avec soin, et vous vous rendrez très bien compte quel est le facteur que vous devrez employer, suivant le sujet qui est devant vous.

Quant à l'écran jaune, si vous aimez mieux l'employer de préférence à la surexposition, usez de l'écran 4, 6 ou 8. Souvent 8 est trop fort déjà, mais alors avec l'écran jaune, évitez toute surexposition.

Nous avons maintenant a examiner le second genre : le paysage composé. Il n'est autre, à mon avis, que celui où se trouvent des êtres animés; les figures dans le paysage, êtres humains ou animaux, peuvent prendre une très grande importance. Elles accentuent l'effet, renforcent les perspectives linéaires et aériennes par échelonnement ou par opposition. Une figure, à elle seule, peut constituer une valeur de premier ordre ou même un premier plan. Nous verrons tout à l'heure qu'elle peut aussi complètement déséquilibrer un premier plan; souvent elle définit, accuse, complète ou fait naître, ce qui est d'un très haut intérêt, le sentiment du troisième facteur d'art : l'intelligence. La figure nous aide toujours beaucoup à penser. Lorsque nous voyons un être animé dans un paysage, surtout quand cet être animé est une créature humaine, nous pensons mieux dans le tableau.

Cependant la figure, sous aucun prétexte, aucun, entendez bien, ne doit absorber l'attention du spectateur, lorsqu'il s'agit d'un paysage. La figure, par cela même qu'elle est figure, ne doit pas absorber l'intérêt, elle doit former corps avec le paysage, elle doit rentrer dans l'unité absolue du tableau. Formant fatalement par elle-même un centre d'intérêt, il ne faut pas néanmoins que ce centre d'intérêt vienne déséquilibrer l'ensemble général.

Où doit-on placer les figures? Au premier plan, à l'arrière-plan, ou au plan moyen? Il n'y a pas de règles là-dessus. A vous de voir et de choisir. Il me semble toutefois que la figure, lorsqu'elle concorde avec la dominante générale, doit être, autant que possible, dans la direction du point principal de fuite.

Je vous en ai indiqué un exemple dans la seconde leçon, en appelant votre attention sur une grande grève s'en allant très loin avec un personnage nous donnant l'échelle. Ce personnage était en opposition du point principal de fuite, par le fait qu'il se trouvait au premier plan du tableau, et sur la ligne joignant l'œil du spectateur au point principal de fuite.

La figure, quel que soit le plan qu'elle occupe, doit donc être autant que possible sur cette ligne, un peu à côté si vous le voulez, mais assez près d'elle alors afin que notre attention ne soit pas distraite par ce centre d'intérêt et qu'elle puisse toujours aller sans effort au point principal de fuite. De plus, la figure doit être en harmonie parfaite avec le sujet.

Nos confrères anglais, très forts en matière photographique, c'est indéniable, n'oublient pas de rechercher constamment cette harmonie. Quand ils vont exécuter un tableau photographique sur nature, ils emportent avec eux un petit bagage et habillent, suivant le sujet, les personnages qu'ils font poser. Cela semble étrange à ceux qui ne sont pas familiarisés avec les exigences de la composition; pourtant rien de plus compréhensible.

Voyez nos peintres paysagistes travaillant dans le plein air de la campagne; veulent-ils poser une petite figure dans leur tableau, grande même comme la première phalange de mon doigt, s'ils sont consciencieux, ils louent un modèle, l'habillent, le font poser sur nature au plan même que la figure conçue doit occuper. Pourquoi? Pour une simple tache grise? Oui vraiment, car ils savent que cette tache, pour acquérir toute sa valeur artistique, doit se montrer avec sa note juste.

Le paysage animé est rendu très facile aujourd'hui aux photographes par l'instantanéité. Je dois cependant dire qu'il faut limiter l'instantanéité; elle n'est bonne, en œuvre d'art, et ne saurait être bonne qu'autant qu'elle nous donne l'équivalence optique du mouvement. Or notre œil ne voit jamais les êtres en mouvement tels que l'instantanéité nous les rend; le plus souvent, en effet, celle-ci met sous nos yeux des équilibres très instables, des gens immobiles dans des positions excentriques. Certains peintres se plaisent à copier ces excentricités en disant : « La photographie nous les donne. » Possible. Mais notre œil n'a pas la puissance de vision de l'objectif; il voit avec un certain flou les mouvements rapides parce que les impressions d'un même point lumineux n'arrivent pas simultanément à notre rétine.

Cette remarque suffit à condamner immédiatement, au point de vue de l'art, les instantanées à trop grande vitesse. Prenons, par exemple, un paysage animé sans l'être. J'entends ainsi un paysage non animé par un être vivant, mais animé par sa nature même, comme cela a lieu dans les effets de vent et de tempète. Nous sommes très désireux de le prendre dans cet état de mouvement. Mettrons-nous notre plus grand obturateur à la plus grande vitesse possible afin de mieux saisir l'effet du vent et le secouement des arbres? Ce serait une faute absolue. Rendez-vous compte de l'effet du vent sur les arbres; pour cela il faut tàcher de donner à votre œil l'immobilité parfaite et faire un peu abstraction de la prestigieuse facilité d'accommodation qu'il possède. Si vous regardez attentivement vous verrez le tronc de l'arbre immobile, donc net, ses ramures beaucoup moins nettes. Quant aux brindilles, du haut de l'arbre, vous les verrez complètement floues. C'est, dans la nature, justement ce flou qui nous donne l'impression de la mobilité. Avec une trop grande vitesse de l'obturateur vous auriez la netteté partout, donc l'image d'arbres bizarres, défigurés en quelque sorte comme ces arbustes nains que les Japonais ont mis à la mode. Pour rendre ce que l'œil voit vous devez prendre au contraire la moins grande vitesse de votre obturateur. Si vous travaillez avec de petits appareils à main, vous pouvez opérer à la grande vitesse de l'obturation, tout au moins à une vitesse moyenne, attendu que, comme nous l'avons vu, le mieux, dans l'espèce, est de revenir à la plaque normale au moyen de l'agrandissement, et l'agrandissement vous rendra l'effet de la nature. Vous aurez votre tronc net, vos branches moins nettes et vos petites brindilles complètement floues. Donc limitez l'instantanée, ou agrandissez l'instantanée.

Le véritable paysage animé, c'est un paysage simple, à peu près insignifiant : comme un coin de route, le soir, à l'heure où les humains regagnent leur domicile, vont à la soupe. Dans un tel paysage, plaçons un groupe de petits bonshommes cherchant à s'orienter, se demandant si cette route est bien celle qu'ils doivent prendre. Ces petits personnages donneront tout de suite un sentiment au motif qui était tout à fait insignifiant par lui-même.

Un écueil se rencontre dans cette voie de l'animation du paysage. Il est à craindre que le spectateur ne vienne à dire que l'auteur a fait un sujet de genre, étant donnée la grandeur des personnages. Pour éviter cet écueil, il faut, au moment de la composition, faire abstraction du personnage dans votre esprit et voir s'il reste encore un paysage très supportable (*fig.* 45).

Inversement, les personnages peuvent être suffisamment petits pour faire corps avec le paysage, sans cependant constituer un paysage animé. Si, en les supprimant, le décor où ils sont ne suffit plus pour former un paysage simple complet, nous nous trouvons en présence d'un sujet de genre et non d'un paysage animé puisque les personnages faisaient l'unique valeur du paysage. Voilà la différence qui existe entre le paysage et le sujet de genre.

Je vous disais tout à l'heure que le personnage pouvait servir et nous aider beaucoup au premier plan, mais qu'il pouvait aussi

Fig. 45.

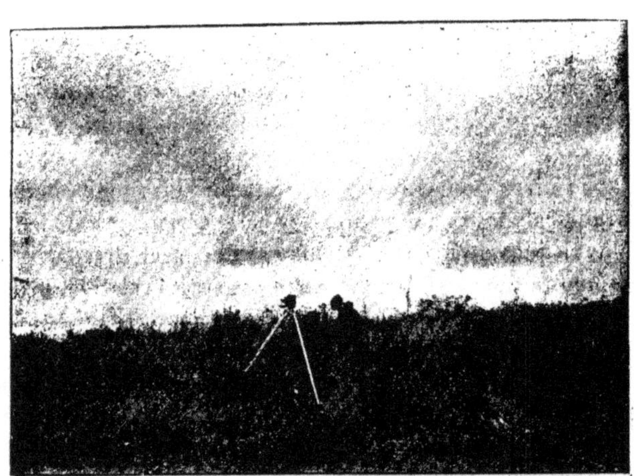

Aquarellistes saisissant un effet d'orage.

déséquilibrer le tableau. Représentez-vous un personnage placé en avant sur le sommet d'une colline et derrière cette colline une vallée profonde, mettant une distance considérable entre le premier plan et le second plan. Cette distance ne saute pas aux yeux de prime coup dans les paysages de montagnes, surtout dans l'après-midi, par l'absence presque absolue de perspective aérienne, comme je vous l'expliquais dans la dernière leçon. Les plans se rapprochent trop, le second plan arrive tout à fait sur le premier. Dans ce cas-là, l'œuvre est tout à fait déséquilibrée par l'introduction du personnage au premier plan, attendu qu'il paraît gigantesque par rapport, par exemple, aux chaumières du second plan qui s'impriment sur notre plaque avec des valeurs presque égales à celle des objets du premier plan.

Nous avons vu, Mesdames et Messieurs, que les arbres jouent un grand rôle dans le paysage naturel. S'ils sont groupés, réunis de façon à occuper la surface complète du tableau, ils forment ce qu'on nomme les *sous-bois*. Les sous-bois sont intéressants au point de vue artistique mais très difficiles à photographier.

Je vous ai expliqué dans une précédente leçon qu'à l'heure du plein jour il devenait préférable de ne pas travailler, bien que pourtant généralement les photographes fissent le contraire. Pour le sous-bois ce conseil prend la valeur d'une règle absolue. Ne travaillez jamais à partir de 10^h du matin jusqu'à 3^h ou 4^h du soir dans le cœur de l'été; travaillez dans les sous-bois avant ou après ces heures-là.

Vous me direz peut-être qu'il y fait toujours bien sombre, et que travailler dans les sous-bois, par cette obscurité relative, c'est courir les risques de ne pas obtenir grand'chose. Erreur.

La difficulté n'est point dans cette obscurité relative, mais simplement dans le vent. Pour le sous-bois, il nous faut à tout prix un temps calme, car nous devrons poser. Alors, quand nous serons devant notre appareil, que nous posions trois secondes ou vingt minutes, la différence n'est pas si grande pour notre patience; seulement, comme rendu de l'effet, cette différence est considérable. Toujours ces malheureuses radiations bleues et violettes. Les feuilles étant luisantes, moins le matin et le soir qu'au plein du jour cependant, servent de miroir. Les rayons à ondes courtes seront les plus réfléchis et, nous l'avons vu, ce sont les bleus et les violets. Donc si le soleil éclaire trop les feuilles elles formeront un miroir absolu et nous renverront impitoyablement toutes les radiations bleues. Toutes ces feuilles s'imprimeront comme des blancs sur notre plaque et nous aurons un effet de neige.

En présence du sous-bois se dresse encore devant nous un

puissant adversaire : la *solarisation*. Je n'entrerai pas dans le menu détail des causes de cet effet, je me contenterai de vous indiquer que ce phénomène a lieu, dans l'espèce, d'une façon constante par la filtration des rayons de lumière blanche à travers les ramures du haut des arbres. Qu'arrive-t-il dans cette filtration? Comme je vous l'ai dit au sujet des ombres, la lumière se brise sur ces ramures, les rayons à ondes courtes sont renvoyés, brindilles et feuilles extrêmes se trouvent entourées, envahies peu ou prou par les rayons bleus et violets, et lorsque nous exposerons notre plaque, nous verrons les tonalités propres de ces brindilles et de ces feuilles extrêmes diminuées, affaiblies, complètement rongées même par ces radiations. Conséquence naturelle : ne travaillez dans le sous-bois que le soir ou le matin alors que la lumière ambiante est moins vive, plus propice à l'affaiblissement de ces effets violents. Servez-vous de l'écran jaune au besoin et de la surexposition. Je crois que la surexposition demeure encore ce qu'il y a de mieux, tout au moins de plus pratique; je vous engage donc à surexposer, c'est la meilleure de toutes les méthodes. Vous n'avez qu'à demander au ciel de ne pas vous envoyer de vent, voilà tout.

Dans les sous-bois l'animation joue aussi un rôle très grand. Nous n'avons plus ici — ou nous l'avons si peu que cela ne compte pas — nous n'avons plus pour nous le ciel qui est la grande animation du paysage avec ses nuages toujours mouvementés; mais nous avons par contre des feuilles et leur aspect chatoyant. L'animation dans les sous-bois est une chose excellente, d'autant plus qu'elle nous donne peut-être plus que dans la plaine encore le sentiment de l'enfoncement (*fig.* 46), car nous n'avons pas ici les secours de la perspective aérienne comme dans la plaine.

Dans une allée, les figures de premier plan et les figures de second plan formeront rappel et viendront prendre notre regard au premier plan pour le conduire au point principal de fuite.

Ou bien encore les figures nous donneront le sentiment de l'au delà parce que les personnages arriveront justement dans le tournant de cette même allée.

Il nous reste maintenant, Mesdames et Messieurs, à parler de la *marine*. La marine, c'est un paysage dans lequel la mer ou la grève domine ; c'est aussi un paysage où le ciel domine, puisque nous avons vu que dans la marine, il fallait le plus souvent, de par la place de l'horizon, garder à peu près les trois quarts du tableau pour le ciel, bien que ce ne soit pas une règle absolue.

Fig. 46.

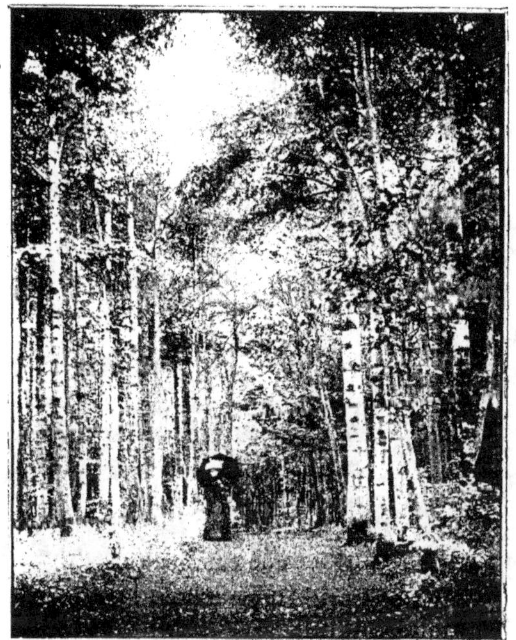

Allée sous-bois à la Challerie.

Mieux que tout autre genre la marine se prête au tableau par sa simplicité. Nous avons vu, en effet, qu'une des caractéristiques d'un bon tableau, œuvre d'art, était d'offrir une analyse diagrammétrique très facile (*fig.* 47); la marine l'offre presque toujours, à moins qu'on ne veuille la charger outre mesure.

Mieux que tout autre genre aussi la marine nous laisse maîtres de cet acte psychologique que nous avons nommé la *liberté*. Il n'existe aucun genre où nous ayons autant de liberté que dans la marine. Nous pouvons pour ainsi dire toujours placer notre appareil où bon nous semble. Nous pouvons toujours avoir à notre disposition, comme premier plan, un personnage bien approprié. Si rude qu'il soit d'apparence ou de réalité, l'homme de mer est bon enfant et serviable. N'importe quel matelot ne demandera pas mieux que de vous amener sa barque et de poser lui-même

Fig. 47.

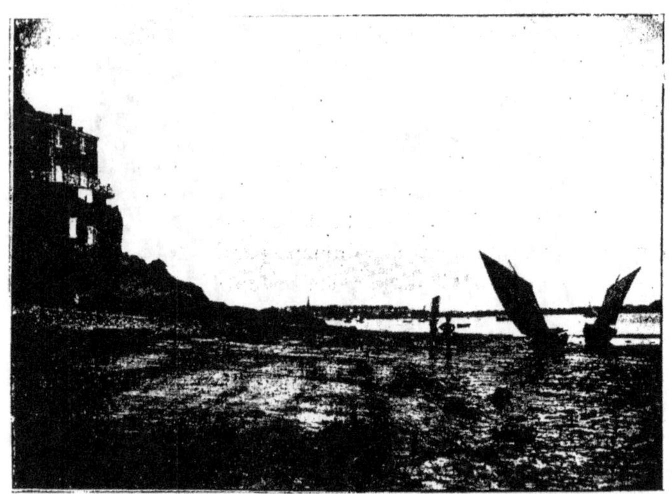

Dans l'anse de Dinard à marée basse.

autant que vous voudrez, en fumant sa pipe, surtout si vous avez soin de fournir le tabac; vous avez donc la liberté absolue de composer comme vous voudrez votre marine.

Enveloppée d'une atmosphère chargée d'eau et, par conséquent, d'un pulvérin très léger, réfléchissant au maximum les radiations bleues et violettes, on peut poser en principe que la marine a ces couleurs pour dominantes. Quel que soit le genre de travail que vous voudrez faire, ne travaillez jamais à la mer, soit pour l'instantané, soit pour le posé, qu'avec un écran jaune. Il n'est pas besoin que cet écran soit d'un jaune très foncé. Un écran jaune très clair, multipliant la pose par $1\frac{1}{2}$ ou 2, vous permettant de faire toutes les instantanées possibles, suffit dans la plupart des cas. Si vous avez un obturateur marchant au soixantième de seconde, il agira avec ledit écran comme s'il marchait au trentième de seconde : rapidité suffisante pour l'instantanéité marine. Il est certain que l'orthochromatisme ne sera pas obtenu : on ne l'obtient qu'avec des écrans très foncés; mais les bleus seront assez retardés pour ne pas venir avec la valeur du blanc, et vous laisser votre ciel et vos lointains.

Je saisis dans les yeux de quelques-uns d'entre vous cette objection : « Il en sera un peu pour l'écran jaune comme pour le verre dépoli coloré; nous n'allons pas en trouver comme nous voudrons. »

En effet, c'est assez difficile à trouver et ceux que l'on trouve sont très chers. L'écran jaune se place généralement en avant ou en arrière de l'objectif. A cette distance-là, il faut que l'écran jaune soit formé de faces absolument parallèles et bien polies de façon que les deux côtés de la glace restent rigoureusement paral lèles; autrement, il y aurait une déformation de l'image sur le verre dépoli. Mais, en outre de ces deux places, il en existe une troisième : mettre le verre jaune aussi près que possible de la plaque.

Alors, me direz-vous : mais il coûtera beaucoup plus cher, puisqu'il sera beaucoup plus grand. Pas du tout, si votre écran est placé aussi près que possible de la plaque, l'image ne sera pas déformée si les deux surfaces n'en sont pas absolument parallèles. Une seule condition reste à observer, condition absolue : le verre formant l'écran doit être sans défaut. Dès lors, vous pouvez prendre un verre de vitrier, n'importe lequel, du moment qu'il se présente sans le moindre défaut.

Un moyen éminemment simple et pratique est d'employer les plaques voilées. Vous avez, par exemple, de vieilles plaques aban-données dans un coin parce que vous avez ouvert une boîte ou un châssis par mégarde. Mettez une de ces plaques dans un bain d'hyposulfite de soude : elle se débromurera, ne vous laissant plus qu'une mince couche de gélatine transparente. Après un lavage abondant, trempez cette plaque soit dans l'acide picrique, soit dans une solution d'une couleur d'aniline; lavez-la, faites-la sécher et mettez-la à l'arrière de votre chambre noire, contre la place qu'occupe déjà le verre dépoli. Nous trouvons déjà, dans le commerce, des appareils possédant, à l'arrière, une feuillure spéciale permettant de mettre ainsi l'écran jaune. Si vous n'en avez pas, vous pouvez faire disposer une semblable feuille à la chambre noire que vous possédez. Dans ces conditions, vous aurez diverses colorations de verre jaune et vous pourrez travailler à votre aise suivant les cas.

Maintenant, Mesdames et Messieurs, il me reste, pour terminer, à vous parler de quelques petits trucs. On commence beaucoup à truquer dans l'art en Photographie.

Le premier qui s'offre à nous est celui de l'objectif grand angulaire à très court foyer : nous avons vu qu'il rapprochait d'une façon considérable le premier plan. Par ce moyen, nous avons beaucoup plus de premier plan qu'avec l'objectif normal de 22^{cm} ou 30^{cm} pour plaque 13×18 ou plaque 18×24. Voilà déjà un petit truc très permis lorsque nous n'aurons pas de fabriques qui pourraient nous gêner par les déformations perspectives de leurs lignes.

Vous trouvez-vous, par exemple, en présence de buissons ou d'arbustes? Vous pouvez, alors que vous n'avez qu'un petit buisson, créer et former un superbe effet de premier plan en prenant un objectif à court foyer et en vous rapprochant; le buisson prendra sur le tableau une importance de massif. Je ne vois pas que le mal soit bien grand du moment que l'effet reste bien rendu. Vous arrivez ainsi à faire, d'un petit coin insignifiant, un paysage très intéressant.

Je reconnais très bien la légitimité de ce truc dans une certaine mesure. Il est employé même très souvent lorsqu'on veut faire, par exemple, comme le font beaucoup les Anglais, un pays à peu près plat, c'est-à-dire des marécages; ils truquent alors pour avoir des premiers plans bien marqués, des roseaux immenses qui donnent un sentiment de fuite considérable. Dans un pays composé de marécages, où il n'y a aucune ligne fuyante qui puisse être désagréable à l'œil, nous pouvons employer ce moyen.

Il y a encore le truc du ciel rapporté. Quand nous en serons au développement, je vous donnerai le moyen d'obtenir le ciel. Vous le verrez, c'est la chose du monde la plus facile; mais il s'agit maintenant de nous débarrasser de la question du ciel rapporté.

Lorsque vous avez à faire un ciel gris ou bleu, il est parfaitement certain que vous pouvez avoir la pensée d'acquérir une œuvre meilleure en lui mettant un autre ciel mieux approprié: pour cela, il faut commencer par avoir des quantités de phototypes négatifs de ciel pris à toutes les heures du jour, sous toutes les lumières et avec différents nuages.

Si vous êtes vraiment artiste, il faudra commencer par étudier forcément la météorologie. Nous voyons trop souvent, dans les expositions d'Art photographique, des quantités de tableaux où le ciel, rapporté, ne tient pas à l'examen, si l'on a la plus petite instruction météorologique. On y voit des nuages ou des effets d'orage là où il est impossible que météorologiquement il s'en présente.

Après tout ce n'est là qu'une question d'éducation et d'instruction. Prenez toujours des ciels, prenez-les comme la première chose venue; vous le pouvez, et plus facilement même que n'importe quel autre motif. Seulement, comme nous avons dans un tel sujet beaucoup de radiations bleues et violettes, que les nuages sont formés de gris constitué lui-même par du jaune, du bleu et un peu de vert, il faut arrêter autant que possible les rayons bleus. Vous prenez pour cela un écran jaune; il est indispensable.

Quel est le meilleur? Évidemment il faut des écrans de différentes nuances, suivant que vous avez affaire à tel ou tel ciel. Les gros nimbus n'ont pas besoin d'écran : ils viennent tout seuls. Mais les nuages extrêmement légers qui descendent au-dessous de l'horizon et qui sont pour ainsi dire noyés dans le ciel, nuages à peine perceptibles même à l'œil, de même que les cirrus légers qui floconnent au zénith, exigent l'écran jaune et même l'écran jaune très foncé; dans tous les cas un écran efficace. Ceux en verre du commerce ne le sont guère ou pas du tout.

Le mieux est de former un écran avec une solution à saturation de bichromate de potasse. On trouve dans le commerce de petits récipients constitués de deux lames de verre rigoureusement parallèles qui forment flacon; on verse la solution dedans et on les adapte sur le parasoleil de l'objectif.

Lorsqu'on a affaire à un ciel extrèmement léger, on met la solution à saturation; lorsqu'on a affaire à un ciel plus chargé, on coupe la solution par moitié ou deux tiers d'eau.

Maintenant, ceci posé, ou du moins ces phototypes de ciels obtenus, comment va-t-on opérer? Il y a des quantités de moyens, tous aussi minutieux les uns que les autres. Enfin! avec beaucoup de patience et de soin, il y a des gens qui arrivent à bien manier ces truquages; en général, le report du ciel se fait sur la photocopie positive tirée sur un papier à noircissement direct, en se servant d'un châssis à glace forte, autant que possible plus grand que le papier destiné à recevoir l'image.

Deux cas se présentent : 1° la séparation du ciel et de la terre suit la ligne horizontale sans émergement de parties terrestres sur le ciel, comme dans le cas des marines; 2° la séparation du ciel et de la terre suit une oblique ou une courbe avec émergement de parties terrestres sur le ciel.

Dans le premier cas, le report du ciel est assez facile. Le papier sensible est mis dans le châssis sous le négatif du ciel, et par des traits à l'encre on indique, sur la partie débordante de la glace forte, les repères par lesquels doit passer la ligne d'horizon; on expose le châssis en le mettant à plat sur une table et durant toute l'exposition on tient sur la glace forte, dans la partie réservée au terrain, une feuille de papier-aiguille, dont le bord correspondant à l'horizon est légèrement relevé et entaillé. Ce papier n'est pas tenu fixe, mais actionné d'un mouvement lent et continu permettant à son bord relevé de dépasser, en haut et en bas, la ligne d'horizon, de façon que ces parties soient fondues et peu impressionnées. Quand le ciel est imprimé à sa valeur, on retire le négatif du ciel, on met en place le négatif du terrain, et l'on agit avec le papier-aiguille sur le ciel, comme l'on a agi précédemment avec ce papier sur le terrain et... le tour est joué.

Dans le second cas on opère d'une façon analogue; seulement, la feuille simple de papier-aiguille est remplacée par deux caches, également en papier-aiguille, tous les deux découpés suivant la ligne de séparation du ciel et des terrains. En imprimant le ciel

on se servira du cache correspondant aux terrains; en imprimant
les terrains on se servira du cache correspondant au ciel, en ayant
soin, dans les deux cas, de toujours relever légèrement et d'en-
tailler les bords du cache. Le mouvement donné aux caches
durant les impressions successives, au lieu d'être uniquement de
haut en bas, se fera également de droite à gauche, pour éviter
l'impression trop nette de la ligne de séparation, ou son profile-
ment en blanc ou en noir trop accentué, ce qui aurait lieu infail-
liblement si les caches étaient collés sur les négatifs; on ne doit
donc jamais coller ces caches, mais les mouvoir librement sur la
glace forte du châssis.

Certains opérateurs désirent faire ce rapport du ciel sur du
papier gélatino-bromure. La difficulté est plus grande; on peut

Fig. 48.

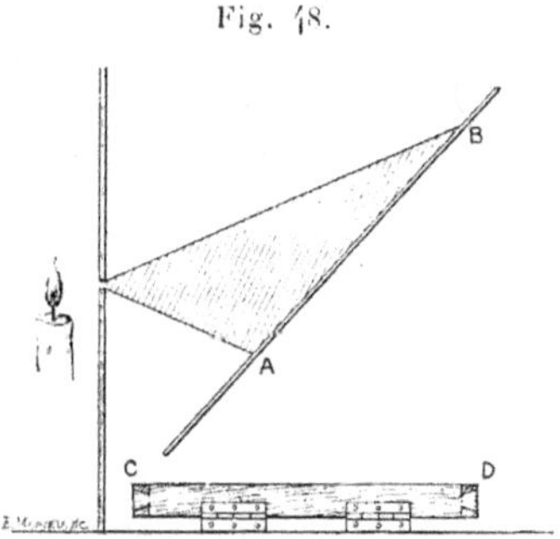

la vaincre cependant. Prenez une lampe pigeon, une bougie ou
autre source lumineuse artificielle; mettez devant cette lampe un
écran métallique percé d'un tout petit trou, aussi petit que possible; à une certaine distance de ce trou, exposez une plaque sensible, aussi grande que possible, beaucoup plus grande que votre
phototype, et en la tenant inclinée; exposez pendant quelques
secondes. Qu'arrivera-t-il? Certaines parties les plus près du
trou, en A, s'impressionneront fortement, les autres de moins en
moins jusqu'en B. Au delà de A et au delà de B il n'y aura plus
d'impression. Développez cette plaque, fixez, lavez. Vous avez un
superbe écran dégradé, tout ce qu'on peut rêver de mieux en ce

genre. Cet écran dégradé vous servira lorsque vous voudrez imprimer.

À cet effet, votre châssis à glace forte sera placé, comme précédemment, sur une table horizontale en CD et vous ferez glisser votre écran dégradé AB incliné à 45° jusqu'à ce que la partie complètement transparente de l'écran corresponde à la partie du négatif du ciel que vous voulez imprimer, c'est-à-dire de façon à laisser passer toute la lumière de la lampe sur cette partie. Le dégradé de l'écran couvrira plus ou moins, suivant le cas, les parties environnantes de l'horizon. La durée d'exposition étant terminée, vous remplacerez le négatif du ciel par le négatif du terrain, en retournant le châssis de façon que ce terrain reçoive la pleine lumière de la lampe.

Ce mode opératoire donne très bien lorsque la séparation du ciel et des terrains correspond à une ligne horizontale. La manipulation devient plus compliquée dans l'autre cas. Il y a lieu alors de combiner ce mode opératoire avec celui que je viens de vous indiquer pour une ligne de séparation oblique ou sinueuse.

Un troisième moyen s'offre à vous : produire des ciels par agrandissement à la lanterne. Projetez le paysage et ensuite le ciel sur l'écran de projection. Voyez où le ciel se place le mieux. Faites des repérages. Placez votre papier sur l'écran récepteur, puis projetez le ciel sur les repères et contentez-vous d'agiter votre main devant l'objectif pour que son ombre mobile se projette sur la partie réservée au paysage. Lorsque c'est fait, opérez de la même façon pour le paysage, en projetant cette fois l'ombre mobile de la main sur la partie réservée au ciel.

Voilà, Mesdames et Messieurs, comment on met des ciels, dans un paysage... quand on a la patience de le faire. Nous verrons tout à l'heure comment on peut contrôler ce truc. Ce n'est pas le moins intéressant. J'insiste un peu sur ce rapport des ciels, très pratiqué en Angleterre, mais peu connu en France, où nous sommes peut-être moins patients ou peut-être plus artistes. Je dois déclarer loyalement que certains artistes anglais pratiquent ce truc d'une façon magistrale ; quelques-uns vont même jusqu'à combiner 3, 4 ou 5 négatifs, pour faire un tableau ; c'est véritablement de la patience d'ange ou de bénédictin. Ils prennent une marine inanimée, ils recherchent dans leurs clichés un bon pêcheur, par exemple, allant à la crevette ; par un système de découpage et de caches formant réserves, ils viennent le rappliquer dans cette marine et y rappliquent encore le ciel.

Quand vous mettez un cache sur le négatif, ne le collez jamais : mettez-le sur le verre simplement, de façon que les bords relèvent un peu : s'ils ne relèvent pas naturellement, relevez-les un peu vous-même, de façon que la lumière vienne précisément former dégradateur tout autour du cache, ce qui donne plus d'enveloppement aux personnages que vous rapportez dans ces conditions-là.

Les aptitudes et les connaissances que vous avez en dessin peuvent également vous servir dans l'art en Photographie. Au point de vue artistique la connaissance du dessein sera pour vous une aide énorme. Vous rencontrez, par exemple, un joli paysage, mais il vous manque un personnage. Avec le dessin vous en faites l'analyse diagrammétrique en deux ou trois coups de crayon. Vous remarquez alors qu'un petit personnage ferait bien ici ou là. Avec le crayon vous le placez sur votre diagramme à son plan, à son échelle, à sa valeur. Le lendemain vous revenez à votre paysage muni d'un modèle qui vous posera, sur nature, le personnage à l'endroit indiqué sur le diagramme et dans le mouvement par vous choisi.

Ainsi le photographe peut donc refaire complètement son ciel, mettre des personnages où il en manque, rendre son œuvre tout à fait artistique en *s'ajoutant à la nature*. Il peut même s'y ajouter tout autant qu'un peintre, si nous voulons pousser les choses à l'extrême.

Prenons, par exemple, une marine quelconque avec son ciel tel qu'il était au moment où on l'a photographiée, c'est-à-dire un ciel assez banal, comme il s'en rencontre au bord de la mer. Il est certain que si, pour balancer les blancs du déferlé des vagues, rappeler les noirs des roches, nous avions eu de beaux nuages foncés roulant sous le vent, avec des accusations de lumières, de belles clartés en opposition aux tonalités sourdes, ils eussent rendu notre marine beaucoup plus artistique. Elle gagnerait encore si, pour lui donner plus de vie, pour mieux indiquer la force du vent, la rafale et la solitude, des mouettes rasaient les vagues ou voletaient dans le ciel en tonalités opposées. Eh bien! ce que la nature ne nous a point donné au moment de l'opération, notre science en dessin peut nous le fournir.

Tirez votre épreuve en agrandissement sur un papier mat, du gélatinobromure, par exemple. Avec l'estompe et du crayon sauce, avec un pinceau et du blanc de Chine, si besoin aussi de l'encre de Chine, vous pouvez travailler votre sujet exactement comme un dessin en blanc et noir, en prenant seulement soin, entre les oppositions de noir ou de blanc, de fixer la teinte mise avec un fixateur direct à fusain. Quand l'effet que vous désirez obtenir est obtenu, photographiez cette image en réduction, de façon à avoir un phototype négatif de la grandeur du phototype primitif. Vous pouvez alors tirer directement, ou par agrandissement, ce nouveau phototype, et, si vous le tirez sur papier à très gros grain, on ne s'apercevra pas de la tricherie. C'est peut-être pour cela que d'aucuns, qui visent à passer pour grands artistes photographes, aiment tant ou semblent aimer tant les papiers à gros grain.

Ce procédé peut évidemment amener à l'art, à de très bel art, je n'en disconviens pas; mais qu'on lui donne le nom que l'on voudra, à l'exception toutefois de celui *d'art photographique :* ce n'est plus de la photographie. Si l'homme doit s'ajouter à la nature, il doit s'y ajouter, en photographie, par des moyens photographiques, et non par ses connaissances en dessin. Autrement, il nous donne, en photographie, une œuvre bâtarde, une photocopie tout à fait illégitime. J'admets parfaitement, bien que ma patience répugne à l'employer, j'admets parfaitement la combinaison de deux ou de plusieurs phototypes. La Photographie seule intervient, guidée par le goût et les connaissances artistiques de l'opérateur; mais je réprouve, photographiquement parlant, l'emploi de l'estompe et du pinceau.

Au demeurant, il existe un moyen de contrôler ces trucs et de confondre ces soi-disant opérateurs de génie. Quand vous vous défierez de la légitimité d'une photocopie, priez son auteur de bien vouloir vous faire une épreuve de projection de son œuvre merveilleuse qui vous a tant séduit. Projetez l'épreuve et vous verrez saillir sur l'écran un grain considérable provenant du

papier sur lequel le phototype a été repris; il sera plus fort si
l'épreuve a été travaillée à l'estompe. Tout le stratagème se décou-
vrira à la projection et à l'agrandissement. Cependant, dans le cas
où le ciel a été rapporté par agrandissement direct sur plaque, à
la lanterne, ce moyen de contrôle devient peu efficace.

Je crois donc, Mesdames et Messieurs, qu'en fait de trucs, le
mieux est d'obtenir directement le ciel toutes les fois qu'il existe.
Rien d'ailleurs n'est plus facile : nous le verrons la prochaine fois
en étudiant le développement et le tirage artistique.

CINQUIÈME LEÇON.
DÉVELOPPEMENT ET TIRAGES ARTISTIQUES.

MESDAMES, MESSIEURS,

Lorsqu'une personne ayant appris le dessin, ayant appris les lois de la perspective, s'étant familiarisée avec le clair obscur, désire faire de la peinture, il lui faut tout d'abord songer à former sa palette, c'est-à-dire prendre des couleurs, voir quelles sont ces couleurs, quelle est leur valeur et quelles sont les différentes nuances qu'on peut obtenir avec elles, soit en combinaison binaire, soit en combinaison ternaire.

De même, nous autres photographes, nous devons connaître la nature des substances que nous employons et les résultats de leur réaction.

L'opération qui met ces connaissances en action se nomme le *développement*. C'est donc, par conséquent, et rien que par cette sorte de définition, un mode opératoire qui demande une certaine intelligence, je dirai même beaucoup d'intelligence. Le développement n'est pas du tout ce qu'on croit vulgairement, c'est-à-dire une opération purement mécanique. On a tort d'envisager le développement de la sorte; il en va tout autrement.

Dans l'enseignement, lorsque des élèves viennent se présenter pour entrer dans une classe, on leur fait traduire une version latine, sous prétexte que la version latine est le criterium de l'intelligence de l'élève. De même si un jeune photographe devait entrer dans une classe de photographie et qu'on voulût savoir à quel point il est fort en photographie, le véritable criterium serait de lui faire effectuer un développement.

Malgré l'importance de ce mode opératoire, je n'essayerai pas de vous donner une étude complète du développement. Les six leçons réservées à mon cours n'y suffiraient pas, quand bien même je les ferais très longues. Je n'insisterai pas non plus sur les manipulations ordinaires du développement : vous les connaissez tous ou vous devez les connaître; on les trouve d'ailleurs dans un nombre invraisemblable de manuels, mais surtout dans le Cours élémentaire professé ici même, avec beaucoup de compétence, par mon excellent collègue M. Cousin.

Je vais vous parler du développement en ce qui nous concerne, nous autres artistes. Je tâcherai de ne vous dire que juste ce qu'il faut pour que vous teniez bien en main cette palette photographique qui doit permettre de vous amener dans les meilleures conditions à votre épreuve finale.

Je ne vous parlerai pas non plus des procédés au collodion ou autres. Il ne s'agit, bien entendu ici, que du procédé au gélatino-bromure d'argent, le plus employé actuellement et presque le seul employé par nous tous amateurs et qui, je dois le dire, reste, à mon avis, absolument le meilleur de tous par la raison très simple qu'il offre une couche d'émulsion relativement épaisse nous permettant d'obtenir notre image avec les nuances les plus infinies.

Lorsqu'une plaque a subi l'impression, qu'elle l'ait subie longtemps ou peu, qu'elle l'ait subie ou non sous un verre jaune, que ce soit une plaque orthochromatique ou ordinaire, nous la retirons du châssis, et nous constatons qu'elle ne présente rien. Du moins elle semble ne rien présenter. Cependant l'halogène d'argent constituant l'émulsion est, nous le savons, sensible à la lumière. Celle-ci a agi, donc il doit y avoir trace de l'action de la lumière. Est-ce une action chimique qui a transformé le bromure d'argent en sous-bromure? C'est possible. Est-ce une action mécanique des vibrations de la lumière qui a changé l'état moléculaire du bromure? C'est encore possible. Mais, en somme, qu'il y ait eu action chimique ou mécanique, nous ne voyons pas l'image.

Cependant la lumière a agi : l'image doit être, et elle est, en effet, réelle mais invisible ; on la dit *latente* : il s'agit donc de la développer, c'est-à-dire de la rendre visible, de la montrer à nos yeux, avec toutes les finesses de ses nuances, avec toutes les délicatesses que nous avons cherché à lui faire acquérir, soit par l'emploi de plaques orthochromatiques, soit par l'usage d'écrans colorés, soit par l'application de la surexposition.

Tout ce que nous avons pu faire, nous l'avons fait jusqu'à présent. Il s'agit maintenant de tenter un dernier effort pour que l'image se présente telle que nous la désirons et même, si c'est possible, pour améliorer encore cette image quand elle se présentera à nos yeux.

Pour faire apparaître l'image, on emploie un agent oxydant, une substance oxydante agissant par l'intermédiaire de l'eau. Cette substance, lorsqu'elle est dans l'eau, en présence du bromure d'argent, la décompose. Étant très avide d'oxygène, elle prend l'oxygène de l'eau et met l'hydrogène en liberté. La substance oxydante agit vraisemblablement aussi de la même façon sur la gélatine. Je n'en veux point parler pour ne pas compliquer ce rapide exposé, ce simple aperçu sur le mécanisme du développement. Au cours de cette action, le bromure d'argent se précipite sur l'hydrogène pour former de l'acide bromhydrique, très soluble dans l'eau. Il se trouve que l'oxygène de l'eau étant pris par l'agent qui s'est oxydé, que l'hydrogène s'étant emparé du bromure, l'argent métallique devient libre. Partout où la lumière aura frappé, il se déposera, opaque, dessinant par conséquent l'image. Il se déposera d'autant plus que la lumière aura plus agi. Donc plus la lumière aura agi sur certains points, plus la teinte sera foncée, intense, opaque par le dépôt de l'argent, et nous aurons ainsi en gris et noir une relation de toutes les nuances de l'image.

Tous les corps, ou du moins toutes les substances oxydables ne sont pas absolument propres à agir dans l'espèce, étant données les conditions qui doivent être remplies. Il faut que la substance oxydable : 1° ne réduise que les molécules du bromure d'argent qui ont été impressionnées ; autrement, si les autres étaient réduites, tout notre bromure d'argent se réduirait : il n'y aurait plus, sur la plaque, trace d'image, mais couche uniforme d'argent métallique; 2° qu'elle décompose l'eau sous l'influence du bromure, sans quoi l'hydrogène libéré ne pourrait agir sur le bromure d'argent modifié; 3° que les produits de l'oxydation ne viennent pas gêner, ralentir ou annihiler la marche du développement; 4° que le corps oxydable reste soluble dans l'eau; plus il sera soluble, plus il sera favorable au développement; 5° qu'il soit aussi incolore que possible en solution, et que les produits de l'oxydation restent également incolores, et cela à seule fin de ne pas colorer le substratum, c'est-à-dire la substance colloïde qui emprisonne l'halogène d'argent.

Les corps qui possèdent ces qualités sont dits des *révélateurs*. La liste en est grande; je ne l'énumérerai pas. Peut-être qu'à l'heure où je vous parle un nouveau révélateur fait son apparition dans le monde. Il existe, en effet, des usines, de l'autre côté du Rhin, qui nous envoient un nouveau révélateur tous les quinze jours.

Seuls, les révélateurs agissent souvent lentement et d'une façon très inconstante. Pour remédier à ces défauts on est amené à leur donner des *accélérateurs* qui activent leur action, des *conservateurs* qui retardent la formation des produits de l'oxydation, des *modérateurs* qui régularisent leur action.

Ainsi, pour composer notre palette photographique, nous avons les révélateurs, les conservateurs, les accélérateurs, les modérateurs et l'eau.

Il s'agit maintenant de voir ces produits ensemble ou séparément et de rechercher ce qu'ils nous donnent.

De tous les révélateurs, j'en retiendrai deux : le chlorhydrate de diamidophénol ou amidol, le pyrogallol ou acide pyrogallique.

De tous les conservateurs, j'en retiendrai un : le sulfite de sodium, vulgairement sulfite de soude.

De tous les accélérateurs, j'en retiendrai deux : le carbonate de potassium et le carbonate de sodium, vulgairement carbonate de potasse et carbonate de soude.

De tous les retardateurs, j'en retiendrai un : le bromure de potassium.

Voilà notre palette.

Voyons maintenant ce que nous donnent tous ces corps. Ce que

donne le révélateur. nous le savons déjà. je viens de vous indiquer son rôle : je n'insisterai pas.

Le sulfite de sodium conserve. Pourquoi conserve-t-il? Parce
qu'il est plus avide encore d'oxygène que le révélateur lui-même.
Par conséquent, en solution, il prend à l'eau plus d'oxygène que
le révélateur et l'empêche dès lors de s'oxyder trop vite.

Nous avons deux sulfites de sodium : l'anhydre et le cristallisé.
Je préfère l'anhydre. Le cristallisé est généralement beaucoup
moins pur, contient des traces de carbonate de sodium, et ses
cristaux s'effleurissent très vite. justement parce que. s'oxydant
avec facilité. il prend même l'oxygène de l'air pour former du
sulfate de sodium moins propice à la conservation, puisque, par
sa nature même. il est moins avide d'oxygène. En poudre très
fine, le sulfite de sodium anhydre se conserve bien. De plus, il présente le grand avantage de contenir deux fois plus de substance
agissante que le sulfite de sodium cristallisé. Par conséquent,
nous en emploierons deux fois moins dans nos solutions.

Son défaut, si c'en est un, est qu'il se présente, dans la fabri-
cation, en plaques extrêmement dures. De là l'obligation, pour le
réduire en poudre. de le broyer avec des broyeurs de grès très
résistants et que le sulfite de sodium émiette encore. Lorsqu'on
fait une solution de sulfite de sodium anhydre, celle-ci se montre
constamment brouillée ; elle semble très sale. Cet aspect provient
de petites particules de grès qui restent en suspension. Avant
l'emploi, laissez reposer. décantez ou filtrez au papier à filtre
blanc, ou même sur simple ouate hydrophile, mais avec une certaine rapidité. Je dis papier à filtre blanc, car le papier à filtre
gris contient presque toujours des traces de fer et doit par cela
même être rejeté de toute préparation chimique. Comme pour
tous les agents très oxydables. nous devons éviter de laisser trop
longtemps la solution. par grandes surfaces, au contact de l'air.
Le sulfite de sodium diminue le grain de l'image. J'entends par
grain celui que présente l'argent déposé. Le sulfite rend les molécules de cet argent beaucoup plus ténues. Pour s'en rendre
compte, il suffit de faire appel à la projection. En projetant un
phototype négatif obtenu sans alcali, par l'action seule du révélateur et du sulfite, vous verrez quelle différence de grain il présen-

tera en le comparant à un même phototype négatif développé
dans les conditions ordinaires.

Il modifie encore, et cette remarque nous intéresse vivement,
il modifie, dis-je, d'une façon très sensible et très nette, la coloration de l'argent déposé. Plus vous aurez de sulfite de sodium
dans le bain de développement, cela a une limite cependant, plus
l'argent déposé sera blanc ou du moins tendra à être blanc, et
par conséquent plus votre coloration sera douce, plus les noirs
du phototype négatif auront de transparence. Cette transparence
dans les noirs aura une importance capitale quand il s'agira pour
nous d'avoir le ciel dans notre motif.

Qu'est-ce que les *accélérateurs* dont nous avons retenu le
carbonate de potassium et le carbonate de sodium?

Les accélérateurs appartiennent généralement à la classe des
alcalis. Nous les empruntons, pour les révélateurs organiques
surtout, aux métaux alcalins, principalement le sodium ou le
potassium, soit à l'état d'hydrates : soude caustique ou potasse
caustique; soit à l'état de carbonates. J'ai gardé de préférence les
carbonates. Les alcalis caustiques agissent violemment sur la gélatine. Je préfère l'action des carbonates, qui est beaucoup plus
douce et plus lente aussi.

Les alcalis accélèrent parce qu'ils sont très solubles dans l'eau,
qu'ils sont des bases et que la caractéristique des bases est de se
mettre en opposition avec les acides et de les neutraliser. Ils accélèrent donc le développement en neutralisant les acides formés
pendant le cours de l'opération. Plus cette neutralisation sera
rapide, plus rapide aussi sera le développement et plus aussi
l'image s'intensifiera. L'image semble plus fouillée justement à
cause de l'opposition des teintes. Il nous faudra tenir compte de
cette action pour l'harmonie générale de notre phototype négatif.

Voyons maintenant les *retardateurs :* ils sont pris dans la
classe des bromures. Ils retardent, pourquoi? Parce qu'ils tendent
à reformer, avec le bromure modifié, du bromure d'argent au fur
et à mesure de l'opération et, par conséquent, à moins libérer
d'argent métallique.

Je vais insister un peu sur cette question du bromure parce
qu'il semble qu'on la connaisse mal.

On dit souvent : « Ne mettez pas de bromure dans le bain, vous allez rendre l'image dure. » Ce n'est pas tout à fait exact.

Plus la surface de bromure, modifié par la lumière, sera grande — d'après ce que je viens de vous dire, et puisque le bromure cherche à reformer du bromure d'argent normal — plus le bromure tendra à reformer du bromure d'argent et, par conséquent, plus il empêchera l'argent métallique de se déposer, plus il diminuera par conséquent l'opacité des grands noirs du phototype négatif, plus par conséquent il pousse à l'harmonie.

Pourquoi donc dit-on que le bromure rend l'image heurtée ? Justement parce que, en recherchant à former du bromure d'argent, il arrivera, s'il *est en trop forte proportion* dans le développement, qu'il reformera aussi du bromure d'argent normal dans toutes les parties très légères, les parties d'ombre là où il y a de tout petits détails. Le phototype négatif à certains endroits n'aura plus trace d'image. L'ensemble paraîtra trop heurté parce que les petits détails dans les blancs du phototype négatifs auront disparu, alors que les grands noirs présenteront encore une valeur très notable. Joignez à cela que, le bromure étant un léger dissolvant de l'argent, les menus détails restant pourront encore être diminués ou rongés par cette action.

Donc le véritable rôle du bromure de potassium, s'il n'est pas en excès, est surtout de régulariser l'action. De plus, le bromure présente cet avantage que, en reconstituant le bromure d'argent normal, il détruit en même temps les voiles de sous-exposition.

Je m'arrête sur ces mots. Le voile de sous-exposition est un phénomène remarqué surtout depuis que nous faisons de l'instantanéité à outrance. Les phototypes pris instantanément montrent à chaque instant un voile.

Ce voile existe aussi au posé. Seulement il apparaît moins vite au développement. On entend par voile de sous-exposition celui provenant des rayons lumineux, ne concourant pas à la formation de l'image et qui, frappant les parois de la chambre noire, sont renvoyés sur la plaque sensible et impressionnent toute sa surface.

Il est certain que lorsque vous effectuez une pose extrêmement courte, l'image aura été très peu imprimée : par conséquent, au développement, le voile de sous-exposition apparaîtra presque en même temps que l'image ou à très peu de choses près. Au contraire, si vous posez beaucoup, le voile de sous-exposition se trouve réduit parce que c'est une lumière en somme faible par rapport à la lumière très éclatante qui aura donné l'image. Le voile apparaîtra beaucoup moins vite dans ce cas-là que dans l'instantanéité et l'image pourra être toute développée avant l'apparition. Donc, quand nous avons à prendre de grands effets de lumière, quand nous avons à effectuer un travail entre $\frac{1}{5}$ et $\frac{1}{60}$ de seconde, il faut tâcher d'éviter autant que possible la montée du voile de sous-exposition. L'emploi du bromure de potassium se montre alors très avantageux. Il joue son véritable rôle en empêchant la montée du voile de sous-exposition et il nous donne un phototype plus pur.

En excès il semble fournir une image plus vigoureuse. Cela se comprend. Je viens de dire le pourquoi : la disparition des petits détails dans les ombres. Ce n'est pas là pourtant son plus grand défaut. Pour moi il consiste en une poussée considérable au grain : en d'autres termes, il augmente la grosseur du grain de l'argent déposé : effet désastreux lorsque nous travaillerons avec de petits appareils nous donnant des images que nous devrons agrandir.

Quant à l'eau, nous connaissons son rôle intermédiaire : le révélateur lui prend son oxygène, le brome du bromure d'argent modifié s'empare de son hydrogène.

Elle peut jouer encore un autre rôle beaucoup moins connu, le rôle d'un modérateur. D'une façon générale, on sait qu'en diluant le bain on le modère. Remarquez qu'on ne fait absolument que le modérer, qu'on ne lui enlève pas son énergie. Il agit avec une moins grande vitesse, voilà tout : c'est une chose qu'il faut retenir. Laissez agir un bain dilué lentement jusqu'au bout, vous aurez absolument les mêmes résultats comme intensité du phototype. Lorsque vous faites agir un bain de développement sur une plaque, la gélatine de celle-ci absorbe avec une grande rapidité la liqueur développatrice. Le révélateur arrive donc ainsi presque aussitôt en contact avec la molécule impressionnée de la couche sensible et avec toute la force qu'il possède. Par conséquent les parties frappées par la lumière, formant les images latentes, tendront à se dessiner très vite. Au fur et à mesure que le liquide développateur pénétrera dans la couche, il sera affaibli justement par l'action qu'il a dû dépenser sur la surface. Lorsqu'il atteindra, au bout d'un certain temps, le verre, il aura traversé complètement la couche, mais il n'agira plus que très faiblement à cause de la diminution du révélateur par rapport à la même quantité d'eau. Donc en réalité le développement s'effectue avec bain à toute énergie sur la surface et avec bain dilué dans la couche. Il n'y a pas équilibre dans la montée des différentes parties de l'image.

Cette remarque nous montre tout de suite que l'eau peut jouer le rôle de retardateur physique dans le développement et qu'elle tend, dans une certaine mesure, à augmenter ou à diminuer les contrastes. Prenons le cas de surexposition. Nous avons posé beaucoup, trop même. Dans ce cas, que devons-nous faire? Empêcher l'image de se développer trop vite. Mettons notre plaque, au préalable, dans de l'eau, mouillons-la bien, en l'y laissant pendant une ou deux minutes. La gélatine se gonflera, se remplira d'eau. Une fois bien imprégnée, mettons-la dans le bain de développement. Qu'arrivera-t-il? La gélatine étant très imprégnée d'eau, le bain pénétrera très dilué jusqu'au verre et n'agira presque pas dans la couche; toute l'action portera sur la surface, et ce n'est que petit à petit qu'elle se fera en dedans. C'est là ce que nous voulions, c'est-à-dire que la couche du dessous ne se développât pas en même temps que la couche du dessus, pour donner plus de contraste à l'image trop surexposée, la surexposition affaiblissant les contrastes.

Prenons le cas de la sous-exposition. Dans ce cas, nous voulons absolument le contraire : diminuer les contrastes que présente toujours une image sous-exposée. Il faudra donc que l'épreuve se développe autant que possible dans toute la couche en même temps. Cette action n'a pas lieu quand on prend un bain trop énergique. L'image se développe tout de suite et le voile monte avec elle. Ne prenez jamais un développateur qui marche en une seconde et pour ainsi dire par coup de foudre. Les coups de foudre ne valent jamais rien, en aucun cas. Un développateur agissant en six ou dix minutes est préférable. Immergez votre plaque dans ce développateur. Lorsque votre couche sera suffisamment traversée (une minute ou deux suffisent) plongez la plaque dans une cuvette d'eau. Que se passera-t-il? Dans le bain de développement le révélateur aura pénétré jusqu'au verre. En mettant alors la plaque dans de l'eau, celle-ci, par dilution, amoindrira brusquement, jusqu'au point de la détruire, l'action du révélateur sur la surface, alors que le révélateur continuera à agir dans la couche; les parties les moins impressionnées reprendront de l'avance sur les grandes lumières, et les contrastes diminueront : ce que nous cherchions.

Voilà des petits côtés de l'action de l'eau. Comme je vous le disais, ils ne sont pas très connus. Pourtant ils peuvent nous rendre certains services dans bien des cas.

Les révélateurs, mis en solution avec les conservateurs, les accélérateurs et les modérateurs constituent des *développateurs*. Il ne faut pas confondre *révélateur* et *développateur*. C'est dans le développateur que s'effectue le développement. Ce développement peut être rapide ou lent. Le meilleur, à mon sens, je vous dirai tout à l'heure pourquoi, est le développement lent. Voyons d'abord le développement rapide.

Tous les révélateurs ne se prêtent pas également bien au développement rapide, quoique presque tous permettent ce genre de travail. C'est que le développement rapide, comme nous devons l'entendre, nous, photographes, désireux de faire de l'art, doit être susceptible de conserver sur notre phototype négatif tout ce que nous avons cherché à y avoir par une pose raisonnable et raisonnée. Si tous les révélateurs en usage rendent visible l'image latente, ils ne la rendent pas également bien au point de vue de l'art, quand on les laisse travailler à toute rapidité. C'est pour cela que j'ai trié deux révélateurs hors de pair : l'acide pyrogallique et le chlorhydrate de diamidophénol.

De ces deux, je ne garderai même pour le développement rapide que le diamidophénol, afin de simplifier, réservant l'acide pyrogallique pour le développement lent.

Le diamidophénol est tout ce qu'il y a au monde de plus simple comme emploi. Il agit par suppression totale de l'alcali et, comme unique auxiliaire, avec le conservateur en solution con-

centrée, soit 12 à 15 pour 100 si l'on fait usage du sulfite de soude
anhydre. Cette solution se conserve relativement très bien. Suivant
les besoins on la coupe avec de l'eau, en lui ajoutant le diamidophénol, qui est très soluble, à l'aide d'une petite cuiller dite à
moutarde. Cinq minutes passées à peser à la balance de petites
quantités de diamidophénol vous apprendront vite combien votre
cuiller en contient et vous n'aurez plus qu'à agir sans pesées.

Je suppose qu'il s'agisse, pour ma démonstration, d'une plaque
13 $\times$ 18. Pour tout autre cas il n'y aura qu'à multiplier ou à
diviser suivant le rapport de la surface à développer, comparée à la
surface 13 $\times$ 18.

Je prends tout simplement :

$$
\begin{array}{ll}
\text{Eau} \dots\dots\dots\dots\dots\dots\dots\dots\dots & 75^{cm^3} \\
\text{Solution de sulfite de soude anhydre} \dots & 25^{cm^3} \\
\text{Diamidophénol} \dots\dots\dots\dots\dots\dots & 0^{gr},5
\end{array}
$$

Si vous voulez avoir le bain à son maximum d'énergie, vous
n'avez qu'à doubler les quantités en mettant moins d'eau.

$$
\begin{array}{ll}
\text{Eau} \dots\dots\dots\dots\dots\dots\dots\dots\dots & 50^{cm^3} \\
\text{Solution de sulfite de soude anhydre} \dots & 50^{cm^3} \\
\text{Diamidophénol} \dots\dots\dots\dots\dots\dots & 1^{gr}
\end{array}
$$

Je vous engage à ne jamais dépasser ce taux, pour la quantité
d'eau indiquée.

Comment agit le diamidophénol? D'une façon extrèmement
simple : plus vous augmentez la dose de sulfite de soude, à condition toutefois de ne pas dépasser les proportions maxima indiquées, plus vous ferez agir vite votre bain, plus vous pousserez
aux détails, à la douceur, mais aussi au voile. Le même effet aura
lieu, on le comprend de reste, en diminuant, au début, la dose de
diamidophénol. Plus vous augmentez la dose de diamidophénol,
plus vous ralentissez l'action du bain, plus vous poussez à l'intensité, mais aussi au heurté. Le développement présente ainsi une
grande élasticité.

Un point à noter : avec le diamidophénol, l'image ne se présente
pas tout à fait de la même façon qu'avec d'autres révélateurs.
Pour que l'image soit propice à un bon tirage, il faut la voir au
dos de la plaque. Avec un bain bien composé, on suit parfaite-

ment l'image jusqu'au bout sans qu'elle se recouvre d'un voile. Il faut donc qu'avec le diamidophénol l'image soit très nettement visible au dos de la plaque. C'est à ce moment-là que vous aurez, je le répète, une image suffisamment dense pour bien s'imprimer sur votre papier. Dans ces conditions le grain est relativement fin, moins fin cependant qu'avec l'acide pyrogallique. L'image se présente avec une teinte plus bleutée, très actinique, et c'est pour cela que je vous engage si fort à pousser votre développement très à fond; autrement vous auriez des phototypes négatifs beaucoup trop clairs, donc trop mous pour une bonne impression.

Quoi qu'il en soit, pour l'Art en Photographie, la caractéristique du diamidophénol est de nous conserver toutes les valeurs du ciel même par développement rapide. Je ne connais pas d'autre révélateur permettant d'atteindre sûrement à ce résultat.

Lorsqu'il s'agit de développer des marines au soixantième de seconde, cela va tout seul avec le développement rapide; mais lorsqu'il s'agit de développer des paysages à grandes oppositions, comme les paysages d'hiver, par temps de neige, ou paysages alpestres, le développement rapide, même au diamidophénol, ne donne pas toujours une satisfaction suffisante au point de vue de l'harmonie; je lui préfère de beaucoup le développement lent.

Les meilleurs révélateurs (ils ne sont pas tous bons dans l'espèce, certains même amènent des accidents de coloration) sont l'acide pyrogallique, le glycin, la pyrocatéchine, le métol et aussi le diamidophénol.

Je les ai tous essayés sans exception, par conséquent je sais un peu à quoi m'en tenir. Le glycin seul peut entrer en lutte avec le pyrogallol. Les autres restent à une distance respectueuse.

Pourquoi un bain lent?

Lorsqu'un graveur veut faire une eau forte, vous savez très bien qu'il fait agir son bain le plus lentement possible; plus le bain agit lentement, plus sa gravure sera fine et douce. Pourquoi alors n'agirions-nous pas de la même façon?

Si nous employons un bain lent, nous retardons la montée du voile de sous-expositions. Résultat très intéressant, surtout dans les instantanées. Pourquoi? Parce que notre plaque, avant de se développer, s'imprègne totalement de révélateur. Le développement commence aussi bien du côté du verre que du côté libre; il s'effectue simultanément dans toute la couche : c'est là la particularité du développement lent; son effet immédiat n'est pas, comme on le croit, de donner beaucoup plus de détails que le développement rapide, mais bien de diminuer les oppositions et d'amener l'image à une harmonie parfaite. Si vous regardez la plaque au moment où elle commence à se développer, vous êtes tenté de croire qu'elle est développée, alors qu'elle ne l'est pas du tout et qu'elle ne fait que commencer. L'image, en effet, est tout de suite visible au dos parce qu'elle est développée complètement dans la couche tout entière.

Le développement, évidemment, peut être lent à volonté; il peut être d'une heure comme de vingt-quatre heures; il peut être de deux heures; c'est une question de composition du bain.

D'après les études particulières et personnelles que j'ai menées sur ce sujet, je ne crois pas que, pour le paysage d'art, il soit bien nécessaire de dépasser une heure ou une heure et quart. Je n'ai jamais trouvé qu'on eût beaucoup d'avantages à pousser plus loin la durée du développement.

Une heure suffit généralement : ce n'est pas grand'chose lorsqu'il s'agit de développer un grand nombre de phototypes négatifs; car, avec le développement lent, on a cet avantage de pouvoir développer un grand nombre de plaques à la fois, de sorte qu'au point de vue de la besogne faite ou à faire le développement lent conduit à une très grande rapidité dans le travail.

Toutefois, pour bien mener un développement lent, il y a nécessité de faire emploi de cuvettes verticales. Si vous laissez votre plaque dans un bain lent et que vous vous serviez de cuvette horizontale, les sous-produits du développement viendront sur la plaque former des stries. Il vous sera impossible de les éviter, à moins de passer votre temps à balancer la cuvette. Si le balancement dure deux ou trois heures, cela deviendra absolument fastidieux.

Il faudrait donc, pour se servir de la cuvette horizontale, employer un révélateur donnant peu de sous-produits; celui qui en donne le moins est sans contredit le glycin.

Je vous disais donc, pour les développements lents, que je préfère, jusqu'à nouvel ordre, l'acide pyrogallique; bien dosé, il ne jaunit pas du tout les doigts, comme on le prétend, pas plus qu'il ne jaunit la couche de gélatine. Vos doigts seront même moins abîmés qu'avec du diamidophénol ou d'autres révélateurs.

Voyons les éléments de notre bain. En principe, nous prendrons toujours de l'eau chaude ayant bouilli, c'est-à-dire privée, au mieux du possible, des excès de gaz qu'elle contient.

La solution A sera formée par :

$$\text{Eau chaude ayant bouilli} \ldots \ldots \ldots \ldots \quad 1000^{cm^3}$$
$$\text{Sulfite de soude anhydre} \ldots \ldots \ldots \ldots \quad 150^{gr}$$

Nous aurons ainsi une solution de réserve qui se conserve suffisamment bien.

La solution B se composera de 100^{cm^3} de la solution A, froide, à laquelle nous ajouterons 5^{gr} d'acide pyrogallique. Dans un flacon jaune et à l'abri de la lumière, cette solution se conserve assez bien, surtout si l'acide pyrogallique est pur.

Du reste, comme l'acide pyrogallique se dissout éminemment vite et que nous avons toujours sous la main notre solution A, nous pourrons en préparer avec facilité et au moment de l'emploi juste la quantité nécessaire.

La solution C constituant le retardateur se composera de :

$$\text{Eau distillée} \ldots \ldots \ldots \ldots \ldots \ldots \ldots \quad 100^{cm^3}$$
$$\text{Bromure de potassium} \ldots \ldots \ldots \ldots \quad 10^{gr}$$

La solution D, qui sera notre accélérateur, se composera de :

$$\text{Eau} \ldots \ldots \ldots \ldots \ldots \ldots \ldots \ldots \ldots \quad 100^{cm^3}$$
$$\text{Carbonate de potasse} \ldots \ldots \ldots \ldots \quad 15^{gr}$$
$$\text{Carbonate de soude} \ldots \ldots \ldots \ldots \ldots \quad 31^{gr},5$$

Je préfère les deux carbonates réunis, mais vous pouvez tout simplement, à votre volonté, ne faire agir que le carbonate de potasse et, dans ces conditions, vous prendriez : carbonate de potasse, 30^{gr}; ou ne faire agir que le carbonate de soude, ce qui porterait la dose à 63^{gr}. C'est presque la saturation du carbonate de soude. Par conséquent, une semblable solution est très facile à faire.

Possédant ces différentes solutions, la composition du bain lent sera :

Solution A	90 cm³
Solution B	30
Solution C	3 à 15
Solution D	3 à 15

Voilà la composition d'un développateur lent : je ne dis pas que ce soit celle que vous deviez employer dans tous les cas; je vais vous apprendre comment on peut faire varier ce genre de bain.

Si vous l'employez, par exemple, avec 3^{lit} d'eau, vous pourrez faire varier la durée de votre développement entre deux heures et demie ou trois heures. C'est déjà un peu long.

Voyons donc les règles auxquelles je suis arrivé : On sait qu'il faut à peu près $0^{gr},03$ d'acide pyrogallique pour développer une plaque 13×18. En été, la plaque demande beaucoup plus de révélateur : on peut aller jusqu'à un demi-gramme; il y a donc une élasticité considérable. Toujours est-il que nous avons pour une plaque 13×18 une première formule qui est :

Eau	Quantité suffisante
Solution A	14 cm³
Solution B	6
Solution C	1
Solution D	3

Prenons maintenant la photo-jumelle J. Carpentier; nous avons 18 plaques. Pour arriver à connaître le développateur lent qui sera nécessaire pour développer simultanément ces 18 plaques, nous n'avons qu'à voir quelle est la surface de matière sensible : 18 plaques $6\frac{1}{2} \times 9$ nous donnent une surface de 4 plaques et demie du format 13×18. Nous aurons donc à former un bain pour ces 18 plaques, en multipliant les constituants du développateur que je viens de vous indiquer par $4\frac{1}{2}$. Nous arrivons à cette formule :

Eau	Quantité suffisante
Solution A	63 cm³
Solution B	27
Solution C	4,5
Solution D	13,5

Nous savons que l'on peut aller, pour une plaque 13 × 18, à 0,5 d'acide pyrogallique, surtout en été. Si donc nous agissons avec cette dose d'acide pyrogallique, la formule devient

Eau......................	Quantité suffisante
Solution A...............	105 cm^3
Solution B..............	45
Solution C..............	7,2
Solution D..............	22,5

ce qui représente, en totalité, $2^{gr},25$ d'acide pyrogallique.

Vu la grande quantité d'eau que nous employons pour le développement de 18 plaques 6,5 × 9, c'est-à-dire environ 3^{lit}, nous pouvons, sans inconvénient, forcer un peu la dose de l'acide pyrogallique et la porter en chiffre rond à 3^{gr} au lieu de $2^{gr},25$; ce qui nous donne finalement une formule que je considère comme la formule à constitution maximum, et qui est :

Eau......................	Quantité suffisante
Solution A...............	140 cm^3
Solution B..............	60
Solution C..............	10
Solution D..............	30

Cette formule révèle des épreuves instantanées en une heure environ. C'est celle que j'emploie toujours actuellement.

Ce genre de développement vous donnera de grandes satisfactions; il garde absolument tous nos ciels et les laisse se tirer en bonne valeur.

Quant au matériel pour le développement lent, il se compose d'une cuve à rainure, à couvercle, dans laquelle vous mettez votre bain, en ayant bien soin (ceci est une des conditions, je dirai presque *sine quâ non*) de bien le mélanger. Je vous engage donc à réunir tous ces constituants dans une grande bouteille, vous bouchez et vous secouez énergiquement votre bouteille pour obtenir un mélange intime, vous versez dans la cuve et vous y glissez vos plaques une à une, vous recouvrez et vous pouvez sortir du laboratoire obscur. Avec la constitution du bain maximum, vous pouvez ne revenir qu'au bout d'un quart d'heure, pour vérifier l'état d'avancement du développement.

En effet, vous avez pu prendre des posées ou des instantanées à grande vitesse. Celles-là viendront plus vite que celles-ci : les unes ne demandant qu'une demi-heure pour être achevées alors que les autres exigeront une heure ou une heure et demie.

Quand vous les aurez visitées vous pourrez en achever quelques-unes, en achevant de les traiter dans un bain ordinaire en cuvette horizontale, ou bien vous les laisserez s'achever toutes seules dans le bain lent, à votre choix. Je préfère la seconde méthode : elle est plus simple et les résultats sont les mêmes. Toutefois les plaques

Fig. 49.

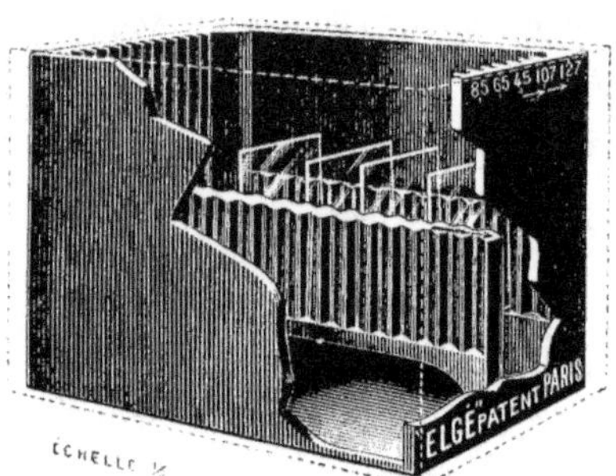

Cuve universelle pour développement lent.

qui resteront dans le bain lent devront être retournées, pour éviter que les produits de l'oxydation, en suspension au fond de la cuvette, ne viennent abîmer le bord des plaques.

Comment se fait-il que dans ce procédé l'on n'ait pas besoin de balancer le liquide? Parce que le bain, qui est en contact immédiat avec la plaque, change de densité par suite de son action, et cette différence de densité avec les parties voisines du bain non agissant amène un brassage continuel du liquide. Pour que ce brassage s'effectue bien (c'est là un point important, et je voudrais voir beaucoup de fabricants s'occuper de la question), il faut avoir une cuvette spéciale; il n'en existe encore dans le commerce que pour les plaques 9 × 12 et adaptables à tous les formats au-dessous.

Une cuvette à développement lent doit être sans *aucune partie métallique* et telle qu'il y ait toujours *au-dessus* et *au-dessous* des plaques au moins *trois* ou *quatre* centimètres de liquide : au-dessous, pour laisser justement tomber les produits d'oxydation ; au-dessus, pour que la plaque puisse baigner entièrement.

De plus, il faut avoir, entre les plaques de 4,5 × 6 jusqu'au format 13 × 18, au moins 2^{cm} à 2^{cm},5, afin que le brassage s'effectue régulièrement et sans arrêt.

Au point de vue artistique on peut encore employer le développement semi-lent ; il est excellent lorsqu'on ignore complètement la valeur de la pose. On le fait à l'aide de deux cuvettes : dans la première vous ajoutez à 100^{cm3} d'eau les doses indiquées précédemment pour la plaque 13 × 18, et concernant les solutions de sulfite de soude anhydre, d'acide pyrogallique et de bromure de potassium, avec une ou deux gouttes seulement de la solution de carbonates ; dans la seconde, vous ajoutez à 100^{cm} d'eau la dose indiquée pour la solution des carbonates, avec une ou deux gouttes seulement de la solution d'acide pyrogallique.

Votre plaque est immergée dans la première cuvette, et vous l'y laissez, en la recouvrant, pendant trois, quatre ou cinq minutes ; vous la retirez et vous la mettez dans la seconde cuvette ; sous l'action de l'alcali, elle se développera très facilement ; vous tâcherez de la pousser le plus loin possible. Si elle arrive à terme elle manquera, sans doute, d'intensité : vous la retirerez et la remettrez dans la première cuvette, pour qu'elle récupère l'intensité qui lui manque ; si elle n'était pas à terme, vous agiriez de la même façon pour la remettre ensuite dans la seconde cuvette. De cette manière vous pouvez arriver à développer parfaitement bien n'importe quelle plaque, avec l'ignorance la plus absolue du temps de pose qu'elle a subi.

En dehors des avantages déjà indiqués, quels sont les avantages que nous présentent encore les méthodes lentes ?

Nous avons tout le temps de voir ce qui se passe et, par conséquent, celui de faire des réserves dans le développement ; nous sommes, en effet, parfaitement maîtres de sa conduite. En examinant, par exemple, notre ciel, nous le voyons paraître un peu trop vite; il va se boucher, trop s'intensifier pour un bon tirage; nous devons alors arrêter son développement. Dans ce cas, rincez votre plaque, prenez un pinceau chargé de solution de bromure, badigeonnez l'endroit qui vient trop vite et remettez dans le bain. Qu'est-ce qui arrivera? Le révélateur agira moins sur la partie où se trouvera le bromure, dont le rôle, nous le savons, est celui de modérateur.

Si le terrain ne vient pas suffisamment, nous opérerons inversement. Rincez. Il faut toujours rincer; autrement, au contact de l'alcali, sur la gélatine chargée de révélateur, il y aurait une action immédiate trop énergique qui produirait tache.

Le rinçage opéré, prenez votre pinceau chargé de solution de carbonate, badigeonnez votre terrain et remettez dans le bain. L'action augmentera sur les points touchés puisque l'alcali joue le rôle d'accélérateur.

Ce sont là des retouches chimiques qui sont absolument permises.

Maintenant, Mesdames et Messieurs, vous connaissez les divers modes de développement propices à l'obtention d'une épreuve artistique et vous n'hésiterez plus sur les manipulations à effectuer suivant les cas.

Votre phototype négatif une fois développé, fixé, lavé et séché, il s'agit d'en tirer une épreuve positive autant que possible en valeur au moins égale sinon supérieure encore à celle du phototype. Plusieurs manières d'opérer se présentent : elles constituent la mise en train.

Lorsqu'un imprimeur veut imprimer une gravure, il ne l'imprime pas brutalement, il fait des découpages de carton qu'il met au dos de certaines parties de sa gravure, de façon que sa presse n'appuie pas uniformément sur toute la surface. Il obtient ainsi des noirs plus profonds et des gris plus variés.

Nous pouvons agir absolument de la même manière en découpant de petits morceaux de papier et en les mettant au dos du phototype négatif sur les parties qu'on veut réserver ou atténuer en tenant les bords de ces découpages relevés comme je vous l'ai indiqué pour le report des ciels. Nous pouvons encore atténuer certaines parties qui viendraient trop vite au tirage par l'emploi de vernis colorés translucides, appliqués sur ces parties et au dos de l'épreuve négative.

Nous avons encore les réserves qu'on peut faire avec le bitume de Judée et l'imbibition du phototype négatif dans une solution colorée. Il est assez délicat, je le reconnais; il demande une certaine habileté, mais nous fournit d'excellents résultats.

Les parties à réserver sont badigeonnées franchement, sur la gélatine même, avec une solution à 100 pour 100 de bitume de Judée dans de la benzine; cette solution sèche immédiatement. Ces réserves faites, la plaque est trempée dans une solution aqueuse d'une couleur d'aniline quelconque : celle que vous aurez jugée la plus propre à vous rendre un bon service. Vous rincez et faites sécher. Une fois le phototype négatif sec, vous enlevez le bitume de Judée avec un tampon de flanelle chargé de benzine. Alors la partie réservée qui ne sera pas colorée viendra beaucoup plus vite que les autres parties chargées de couleur. Dans le cas d'une violente opposition vous rétablirez ainsi l'équilibre. Ces petits moyens sont de ceux que je considère comme très légitimes. Au demeurant, et soit dit une fois pour toutes, je tiens pour légitime tout moyen où l'opérateur n'est pas obligé de mettre en œuvre ses connaissances particulières de dessinateur et son habileté en dessin.

Voici encore une manière d'opérer qui donne de très bons résultats et communique à la photocopie positive une sorte de relief : c'est le tirage sous verre. Lorsque vous tirerez une épreuve sur un papier quelconque à noircissement direct, interposez une lame de verre transparent entre le papier et le phototype négatif. Laissez se faire votre impression pendant le quart, la moitié ou les trois quarts du temps nécessaire pour que l'épreuve soit complètement impressionnée. Enlevez alors le verre et achevez l'impression par contact immédiat du verre et du papier, vous aurez exactement ce qui se produit quand le dessinateur commence par masser son dessin à l'estompe, pour l'achever ensuite par les hachures. Vous verrez combien de relief aura acquis l'image et je comprends mal que les fabricants ne nous dotent pas de bons châssis-presses spéciaux permettant le repérage nécessaire pour un semblable tirage.

Et maintenant, au point de vue artistique, quels sont les papiers que nous devons employer; le plus facile et le plus simple à manier est le papier au gélatino-bromure d'argent; on le redoute assez : je ne sais pas trop pourquoi; ou plutôt si, je le sais : on n'est pas très sûr de la valeur du tirage. Cependant ce papier nous donne de très bons résultats et il n'y a qu'à savoir s'y prendre pour arriver à une certitude absolue dans le tirage.

En matière d'art, ce que nous devons chercher avant tout, c'est un papier nous permettant de modifier autant que possible, à notre gré, la valeur du phototype négatif pour faire acquérir à la photocopie positive son maximum de valeur. Or avec le papier au gélatino-bromure d'argent nous pouvons déjà, par une exposition plus courte ou plus longue que l'exposition jugée normale, modifier considérablement les valeurs données par le phototype négatif.

L'emploi du papier au gélatino-bromure est très simple et d'une certitude de résultat absolue si l'on veut suivre la règle que je vais indiquer. Cette règle n'est pas neuve, comme toutes les choses qui sont bonnes en Photographie; je l'ai retrouvée dans de vieux journaux anglais, et je me suis simplement attaché à la rendre pratique pour nos mesures françaises, en employant un papier que j'ai pris pour type.

Pour tirer une épreuve, il faut que vous connaissiez absolument la véritable valeur du phototype négatif; en voici le moyen : je puis vous en garantir son efficacité, n'opérant jamais autrement.

Vous prenez une règle ou un ruban et un bec de gaz papillon, n° 3 (je crois qu'une lumière plus sombre vous rendrait absolument le même service), puis un verre opale dépoli. Le verre dépoli ordinaire laisse passer beaucoup trop de lumière. Voilà tout le matériel. C'est peu, mais largement assez.

A partir du bec de gaz vous mesurez sur votre règle ou votre ruban 180^{cm}. Vous divisez ces 180^{cm} en 72 parties égales; c'est-à-dire que chaque partie mesure $2^{cm},5$, ce qui correspond à peu près au pouce anglais.

Vous numérotez ces parties 1, 2, 3, 4 jusqu'à 72. Le chiffre 72 se trouvant contre le bec de gaz et le chiffre 1 à l'extrémité la plus éloignée de la règle. Le tout est porté ou établi à demeure dans le laboratoire obscur.

Pour connaître la valeur de votre phototype négatif, vous l'appliquez contre le verre opale dépoli, gélatine contre dépoli, et le côté verre en face de vos yeux. Vous vous placez au numéro 1 de l'échelle et vous avancez vers le bec de gaz jusqu'à ce que vous *commenciez* à voir très nettement tous les détails de votre phototype négatif. A ce moment *précis* vous vous arrêtez et vous notez le numéro de l'échelle correspondant à l'endroit où vous vous êtes arrêté. Soit le numéro 56 par exemple. Mettez alors votre feuille de papier au gélatino-bromure et votre négatif dans le châssis-presse, et exposez à votre bec de gaz, à pleine ouverture, pendant cinquante-six secondes, à une distance de o^m,60 dudit bec de gaz. *Ce point d'exposition sera, dans tous les cas, invariablement le même.* Vous aurez une exposition correcte, absolument, si vous avez employé du papier Morgan émail rose. Pour tout autre papier, vous aurez à déterminer préalablement son rapport de sensibilité avec le Morgan émail rose pris comme type, et à multiplier ou à diviser votre temps de pose indiqué par l'échelle, suivant que le papier employé sera moins rapide ou plus rapide que le Morgan émail rose. Ainsi, par exemple, pour le Morgan *smooth* on divisera, dans le cas présent, 56 par 2,5 et par 3 si l'on emploie du *rough*, du *platinomat* ou du *cream crayon*.

Vous voyez donc que le papier au gélatino-bromure ne présente pas les difficultés qu'on lui prête, un peu par préjugé, et vous pouvez l'employer avec autant de certitude qu'un papier à noircissement direct; il a, de plus, cet avantage, non seulement, de vous donner une image noire, non seulement de rectifier la valeur par une augmentation ou une diminution du temps de pose, mais encore de vous permettre, par les virages aux sels d'uranium, de transformer l'image noire en image sépia, brun Van Dyck, rouge sanguine, gris fer, bleu verdâtre et bleu vif.

Tous les révélateurs sont bons pour développer l'image latente du papier au gélatino-bromure quand ils sont suffisamment dilués. Je rejeterais cependant l'oxalate ferreux, préconisé par tous les fabricants, vu qu'il se prête moins bien aux virages ultérieurs aux sels d'uranium. Le diamidophénol et le paramidophénol sont en tous points excellents. Les révélateurs composés se prêtent aussi admirablement bien à ce genre de travail, du moment qu'ils sont établis suivant les lois qui régissent l'union de deux révélateurs différents.

Je vous donnerai comme exemple le développement au métol-hydroquinone, qui vous fournira des blancs et des noirs très francs. Si, employée seule, l'hydroquinone se présente comme un révélateur défectueux, au point de vue artistique, elle forme un développateur excellent, lorsqu'on la marie à un autre révélateur.

Voici donc la formule de métol-hydroquinone, combinée d'après les lois auxquelles je viens de faire allusion et qui donne le maximum d'intensité dans les noirs.

Eau	800^{cm^3}	200^{cm^3}
Sulfite de soude anhydre	100^{gr}	"
Carbonate de soude	200^{gr}	"
Hydroquinone	24^{gr}	"
Métol		3^{gr}

Donc vous faites deux solutions séparées que vous mélangerez, à froid, en mettant la *seconde* dans la première. Pour l'emploi vous prendrez 25^{cm^3} que vous additionnerez de 100, 120 ou 150^{cm^3} d'eau suivant la rapidité que vous désirez donner au bain. Le bromure n'est pas nécessaire. Toutefois, il peut, dans le cas de surexposition surtout, aider à éclaircir les blancs. Vous pouvez donc prendre de la traditionnelle solution à 10 pour 100, 2 à 5 à votre guise.

Le papier au gélatino-bromure d'argent possède encore l'avantage, avantage immense, de se prêter à l'agrandissement direct. Or je vous l'ai dit, l'agrandissement est un excellent moyen d'art, et toutes les épreuves, vues à la main ou dans un album, doivent atteindre le format normal 18×24, ce qui nous oblige à toujours agrandir quand nous nous servons de petits appareils, si commodes pour l'art au point de vue des scènes animées et des grands effets de lumière. Je n'insisterai pas sur ce mode de procéder. Les amplificateurs automatiques sont venus rendre éminemment pratiques les manipulations de l'agrandissement et l'on peut, avec eux, toujours agrandir son image en 18×24, aussi facilement que si l'on faisait un tirage direct par contact. C'est à vous de choisir parmi ces amplificateurs le plus simple et surtout le mieux réglé.

J'aurais bien encore, Mesdames et Messieurs, à vous parler d'autres papiers. Je ne peux cependant pas entrer dans de longs détails à ce sujet : les traités de pratique vous en indiquent l'emploi. Je tiens simplement à vous répéter que, dans l'Art en Photographie, nous devons surtout rechercher les papiers nous permettant de modifier autant que possible, à notre gré et par des moyens légitimes, les valeurs de notre phototype négatif.

J'entends par moyens légitimes ceux qui ne font pas appel à nos connaissances en dessin. Je vous les ai déjà signalés en parlant des réserves et des truquages.

Le papier charbon-velours Artigue se présente à nous comme un des meilleurs papiers que nous ayons pour atteindre à l'impression d'art, justement parce que nous pouvons faire beaucoup de modifications, sans savoir dessiner, et en obéissant à nos aptitudes artistiques.

Il y en a un autre encore. Oh! ici c'est un terrain tout à fait brûlant; je ne dis pas en France, mais en Angleterre : c'est la *gomme bichromatée*. Ce procédé à la gomme bichromatée a soulevé en Angleterre une polémique des plus violentes.

Cette gomme bichromatée est facile à faire comme papier, mais comme épreuve c'est autre chose. D'une façon générale vous prenez une feuille de papier, une solution de gomme arabique à 30 ou 35 pour 100 environ, vous y mélangez une couleur d'aquarelle quelconque, vous ajoutez une solution de bichromate de potasse à 10 pour 100, vous badigeonnez votre feuille et vous faites sécher dans l'obscurité complète. Vous avez ainsi une sorte de papier charbon-velours, que vous imprimez et que vous dépouillez aussi par l'eau froide ou l'eau tiède ou une bouillie de sciure de bois. L'image reste plus ou moins fine, beaucoup moins que plus, mais vous pouvez garder toutes les grandes franchises de l'effet.

Ce procédé est extrêmement délicat et difficile, mais il est indéniable qu'il permet à l'artiste de mettre dans son œuvre sa note personnelle, en l'obligeant à se dégager de l'impression purement mécanique. Toutefois ce n'est pas une raison pour que, l'employant, vous présentiez à vos meilleures connaissances une épreuve absolument intolérable en leur disant : « Ah! c'est beau! c'est à la gomme bichromatée! » C'est malheureusement ce qui arrive trop souvent, dans l'état encore un peu bien embryonnaire où se confine ce procédé très ancien et récemment remis à neuf.

Vous avez encore, beaucoup plus sûr, beaucoup plus franc, mais moins souple que tous ceux que je viens de vous signaler, le papier au platine. Quant aux autres papiers à noircissement direct, rejetons-les pour les travaux d'art, non seulement parce qu'ils nous rendent trop esclaves de l'impression mécanique, mais aussi parce qu'ils nous fournissent des images ne possédant aucune stabilité.

Ainsi, maîtres du développement et du tirage, nous pouvons donc, Mesdames et Messieurs, faire ce que nous voulons. Dans la prochaine leçon, je vous montrerai que nous sommes à même de prendre les grands effets de lumière, les effets de soleil en dehors du tableau, dans le tableau, avec nuages ou sans nuages, les effets de brume et de brouillard, les effets de neige, les effets de clair de lune et les effets de nuit même.

SIXIÈME LEÇON.

GRANDS EFFETS.

La brume. — Le brouillard. — La bruine. — Le givre. — La neige. — La pluie. — Le soleil. — L'éclairage. — La contre-lumière. — Le soleil dans le champ du tableau. — Les effets de lune. — Les effets de nuit.

MESDAMES, MESSIEURS,

Nous arrivons aujourd'hui à la dernière leçon de notre Cours. Nous y arrivons armés et très armés pour la perspective, armés pour la composition, armés pour la traduction en blanc et noir de la nature. Nous y arrivons connaissant les différentes valeurs des degrés de clarté, connaissant les ressources que peuvent nous offrir la surexposition, les écrans colorés et les plaques orthochromatiques; connaissant encore la façon rationnelle de faire le développement et les avantages que nous procure un développement habilement conduit.

Ainsi armés, il nous est donc permis d'envisager les effets, en d'autres termes, les jeux du clair-obscur, les symphonies des colorations qui sont en dehors de la lumière courante et de la vie normale de la nature.

Je viens de prononcer le mot *envisager*. Envisager c'est regarder au visage, c'est regarder face à face. Lorsqu'on a la hardiesse de regarder au visage, face à face, celui qu'on a l'habitude de craindre, celui qu'on redoute et qu'on veut soumettre, lorsqu'on se sent assez de force en soi-même, force donnée par les armes qu'on possède, l'envisagement, dans ce cas-là, est bien près de l'attaque, bien près de la lutte et bien près peut-être aussi de la victoire. Je dirai même que, lorsqu'on possède, avec ces armes, la ténacité et la persévérance on a pour soi toutes les chances de victoire.

La ténacité, la persévérance, vous les avez. J'en ai la preuve éclatante dans l'assiduité et l'attention longue et soutenue que vous apportez ici depuis l'ouverture de ce Cours.

Les armes, je vous les ai prodiguées aussi libéralement que possible, autant que me l'a permis la rapidité de ces leçons.

Envisageons donc les effets de lumière, attaquons-les, soumettons-les.

En vous parlant de la lumière il vous souvient, n'est-ce pas, que nous avons constaté une modification produite par l'envahissement des rayons à ondes courtes de la lumière ambiante et dominante, et par l'envahissement aussi de la lumière contrastante.

Nous avons constaté également que les différentes dégradations des valeurs et des teintes des objets, au fur et à mesure qu'ils s'éloignent du premier plan, provenaient de l'altération de l'atmosphère, effet dit de *perspective aérienne* et que ces effets étaient dus, eux aussi, à des réflexions de rayons à ondes courtes tels que les bleus et les violets. Ce sont ces différentes constatations, reprises aujourd'hui, qui vont nous permettre d'envisager les différents effets dont j'ai à vous parler.

Voyons d'abord la brume.

Brouillard ou brume? Les météorologistes s'entendent plus ou moins sur cette dénomination. Je ne chercherai pas à approfondir cette question de brouillard pleine de brouillards. Je prends l'acception ordinaire du mot qui nous dit que la brume c'est le brouillard de mer.

Si la brume est brouillard, comme le brouillard aussi elle est formée par une différence de température dans les couches atmosphériques, alors que la température se trouve au-dessous du point où les vapeurs, qui sont nombreuses, puisque nous sommes au-dessus de la mer, ne sont plus assez ténues pour rester invisibles dans l'air et où elles commencent à former quelques petites particules d'eau.

Dans ces conditions, la brume de mer est extrêmement ténue; elle est à peu près pure. si l'on peut se servir de ce terme. Par pure, j'entends qu'elle est surtout formée de beaucoup d'eau et renferme beaucoup moins de poussières, c'est-à-dire qu'elle contient beaucoup moins d'impuretés que la brume de terre ou brouillard.

Or nous savons que, lorsque les matières organiques en suspension dans l'atmosphère sont extrêmement petites, ce sont elles qui arrêtent justement les rayons aux ondes courtes et qui nous réfléchissent les rayons bleus et violets. Nous avons, dans ce cas, une abondance considérable de bleu et de violet.

Pour photographier la brume de mer, il est absolument nécessaire d'employer un écran jaune, retardant l'impression de ces rayons.

Du reste, je vous l'ai déjà dit, conseillé : au bord de la mer, ne travaillez jamais qu'avec un écran jaune plus ou moins foncé; l'écran jaune clair suffit presque toujours quand on ne vise pas à l'orthochromatisme parfait.

La brume se présente différemment à nous si elle est éclairée de face, de dos ou d'en haut.

Prenons la brume par plein soleil à la côte, c'est-à-dire le soleil opposé de face à la brume de mer. Dans ce cas, ce ne sont pas absolument des radiations bleues ou violettes que nous avons. C'est une grande nappe de vapeur d'eau très fine, éclairée de face et qui a l'air d'un grand voile de gaze blanche. Si nous n'employions pas l'écran jaune très clair permettant l'instantanéité, tous les petits bateaux voguant au large ne viendraient pas sur notre épreuve définitive, rongés qu'ils seraient par cette lumière dévorante des lointains. L'écran jaune permet justement à ces bateaux de venir à leur place, à leur valeur, nettement, tandis que l'horizon reste toujours profondément embrumé, rendant invisible à l'œil la séparation du ciel et de la mer. Avec le soleil s'avançant sur la mer, mais montant dans le ciel, tout en restant plus près de l'avant-plan que du fond, la brume nous apparaît avec une grande nappe de lumière au premier plan. Il faut encore avoir recours à un écran jaune clair pour atténuer l'opposition violente qui se présente et saisir la brume qui paraît par cette opposition même beaucoup plus intense qu'elle ne l'est en réalité et qu'elle ne le serait si elle était éclairée absolument par la face.

Nous avons ce même effet avec une brume sur la mer presque au ras des eaux. Les lointains sont très estompés, tendent à disparaître et la mer réverbère un papillotement de lumière assez difficile à saisir. Cependant, dans ce cas tout particulier, on peut ne pas employer l'écran jaune, surtout si le soleil est assez bas, matin ou soir, pour se trouver lui-même en pleine brume. Dans ces conditions, en effet, la brume prend une coloration légèrement jaunâtre qui ne nécessite pas absolument l'emploi de l'écran coloré. Nous avons encore un autre genre de brume profonde, brume assez difficile à rendre, et que l'on doit photographier avec un écran jaune parce qu'elle possède des radiations bleues considérables, sans en avoir l'air. D'aspect général elle paraît grise; le gris de la nature est composé de rouge, de jaune et de bleu et les radiations dominantes dans les gris de cette brume sont les bleus. Je veux parler de la brume lourde et chaude des temps orageux, qui s'est déjà élevée au-dessus de l'eau à une certaine hauteur et qui bientôt, en continuant de s'élever au-dessus du niveau des côtes, ne manquera pas de rencontrer des vents de terre plus froids et retombera en pluie battante sur le photographe qui sera allé la photographier. Je vous en parle par expérience.

Dans ce cas-là la brume produit des effets de lumière tout à fait différents suivant l'épaisseur des couches que les rayons solaires ont à traverser; aussi au développement devez-vous faire appel à toute votre science pour conserver toutes leurs valeurs à ces degrés de clarté, alors que, pour les mettre à l'effet, vous ne pouvez faire emploi que de tonalités grises.

Acceptant la brume comme étant le brouillard de mer, nous pouvons accepter le brouillard comme étant la brume de terre. Dans tous les cas le brouillard ressemble à la brume, mais il n'est pas composé absolument de la même façon; sa constitution générique est la même : mélange de courants d'air froid amenant la condensation de la vapeur d'eau en suspension dans l'air. Mais nous nous trouvons au-dessus de la terre et non plus au-dessus de la mer. Nous nous trouvons en présence de toutes ces petites molécules qui forment l'altération de l'atmosphère et qui nous donnent la perspective aérienne. Nous nous trouvons en présence de poussières, de fumées, de suies.

Le brouillard de terre ne sera donc pas actiniquement la même chose que la brume de mer. Des météorologistes ont prétendu justement que ces fumées et ces poussières formaient des centres de condensation ; je le veux bien. Du reste, au point de vue météorologique, cela nous est à peu près égal ; cependant nous devons en tenir compte au point de vue artistique. En effet, si l'eau est mélangée avec ces matières organiques : poussières, fumées, suies, elle n'a déjà plus la transparence de la brume de mer.

De plus, les molécules sont très souvent un peu plus grosses et surtout revêtues d'une mince couche solide d'ordre goudronneux.

Qu'arrive-t-il? Ses radiations violettes et bleues, les radiations à petites ondes, sont plus particulièrement arrêtées par ces particules : elles ne les traversent pas aussi facilement que dans la brume de mer, et nous avons une plus grande quantité de ces ondes réfléchies ; nous aurons même jusqu'aux réflexions des ondes du jaune, à cause de la résistance des matières flottantes.

Un tel brouillard se présentera, à nous, généralement sous deux espèces. Une espèce affectera la couleur grise, qui, je le répète, est un mélange de violet, de bleu, de jaune et d'une pointe de rouge. Le plus souvent, si le brouillard est dense ce sera la note jaune qui dominera même pour notre œil. Il ne me semble pas nécessaire dans l'espèce d'employer l'écran jaune. J'ai maintes fois opéré dans ce cas et avec succès sans écran.

Ces effets de brouillard ont une caractéristique importante : l'accusation du premier plan (*fig.* 50). J'appelle votre attention sur ce point ; car, dans les expositions d'Art photographique, on est vraiment étonné de voir présenter sous l'étiquette d'effet de brouillard des épreuves provenant de négatifs quelconques tout simplement ratés, et c'est justement à l'absence de cette caractéristique qu'on reconnaît l'ignorance et la mauvaise foi de l'exposant.

Ce premier plan très accusé amplifie d'ailleurs l'effet. On peut même, pour l'accuser mieux encore, employer le petit truc que je vous ai indiqué dans une précédente leçon, que je considère comme absolument légitime, quand il n'existe pas de lignes architecturales, et qui consiste à faire usage d'un objectif à court foyer et à se rapprocher du sujet principal du premier plan pour lui faire acquérir une importance qu'il n'a pas dans la nature.

Lorsque, Mesdames et Messieurs, la brume ou le brouillard arrive à subir un froid un peu plus vif que celui qui a causé leur production, le contact d'un courant d'air d'une fraîcheur plus accentuée ou la baisse continue des couches atmosphériques au sein desquelles il s'élève, la vapeur d'eau formant la brume ou le brouillard se condensera de plus en plus, les petites particules d'eau déjà formées grossiront, deviendront plus nombreuses, se réuniront entre elles et constitueront des gouttelettes. Par leur volume et leur poids, ces gouttelettes seront entraînées, selon les lois de la gravitation universelle, et tomberont sur le dos et les habits du malheureux photographe qui, étant primitivement dans le brouillard, se trouvera ainsi en pleine bruine.

Pouvons-nous saisir ces effets de bruine? Certainement, nous saisissons la brume et les brouillards, je ne vois pas de raison que nous ne saisissions leur cousine germaine la bruine qui est d'une nature semblable. Question de tempérament : on aime à se mouiller ou on ne l'aime pas. Mais si l'on aime à se mouiller, il n'y a pas de raison pour ne point opérer et obtenir un résultat, un bon résultat même.

La bruine participe du brouillard en tant que coloration générale jaunâtre. Elle participe aussi de la brume en tant que coloration bleue ou violette. Nous rencontrerons donc fréquemment ces deux effets dans la bruine. D'une façon générale, si nous opérons au bord de la mer, nous aurons plus de brume que de brouillard, donc plus grande formation de radiations bleues et violettes dans le gris général puisqu'il est entendu que le gris dans la nature se trouve constitué, je ne cesse de le répéter, par du violet, du bleu, du jaune et une petite pointe de rouge.

En plein champ, si nous n'employons pas l'écran coloré, nous saisirons parfaitement bien notre effet, comme dans le brouillard. Expériences faites, nous le saisirions aussi au bord de la mer, mais les gouttelettes qui tombent et forment la bruine, étant en contact constant avec les vibrations de la lumière, viennent encore multiplier les réflexions des rayons bleus et violets. Nous ne prendrons pas tous les lointains si nous n'employons pas l'écran jaune. Quand je dis les lointains, c'est une manière de parler. À peine,

les voyons-nous quelquefois à l'œil nu, mais notre objectif voit
beaucoup plus clair que nous. Il ne demande qu'à noter vigoureu-
sement les formes les plus délicates. Grâce à l'écran jaune, nous
aurons ces formes délicates sans qu'elles prennent une accentuation

Fig. 50.

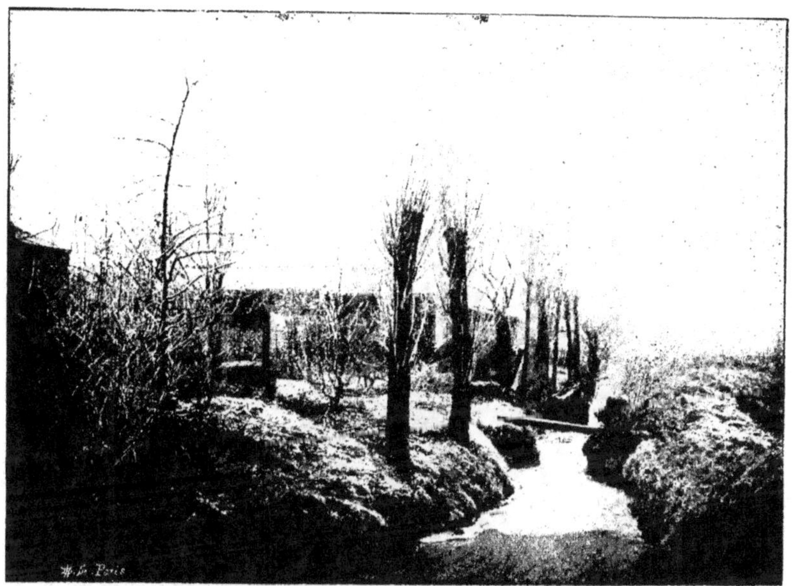

Effet de brouillard.

plus exagérée que celle que nous devons avoir rationnellement.
Quant aux premiers plans, nous les retrouvons et nous devons les
retrouver avec l'accentuation relative qu'ils ont dans la brume ou
dans le brouillard. Ils sont là encore pour nous montrer la différence existant entre un effet réel et l'effet factice provenant d'un
phototype négatif raté.

Quand la bruine tombe sur des objets qui sont à une température beaucoup plus froide que celle de l'atmosphère, les gouttelettes se congelant sur tous les points de contact forment une

matière blanche, aiguilles de glace dessinant les moindres reliefs
et constituant ce que nous nommons le *givre*. Ayant pu obtenir
une image du brouillard, de la brume, de la bruine, il n'y a donc
aucune raison pour que nous ne puissions pas obtenir une image

Fig. 51.

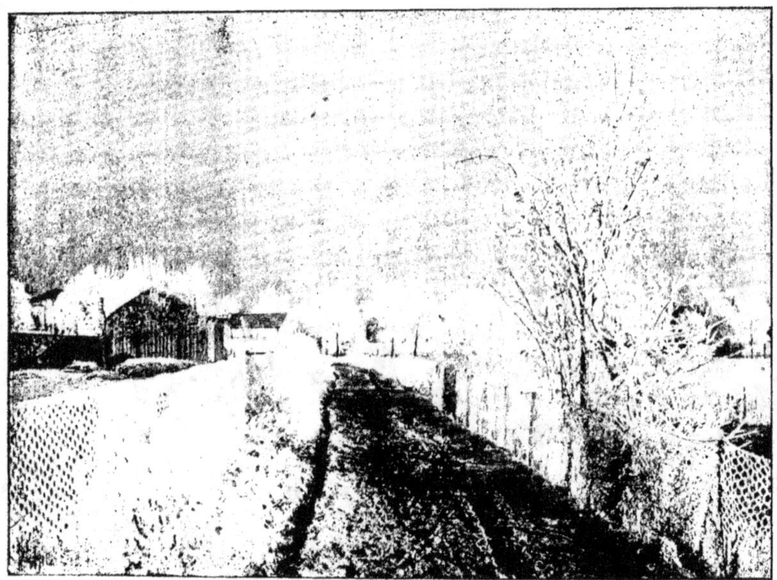

Effet de givre.

du givre, et au moment de sa formation, c'est-à-dire en pleine
bruine.

Dans ce cas, généralement, la bruine est extrèmement dense,
donc extrèmement jaune. Par conséquent, l'emploi d'un écran
jaune ne me paraît pas être d'une grande nécessité ou d'un grand
secours.

A plusieurs reprises, j'ai exécuté des épreuves de givre prises
en plein brouillard, l'une avec un écran coloré multipliant la pose
par 15, l'autre sans écran coloré. Jamais je n'ai pu remarquer sur

les épreuves des différences sensibles, excepté une toute petite, oh! mais toute petite accusation plus grande des lointains sur les épreuves obtenues avec l'écran jaune.

Il en va autrement lorsque nous prenons le givre après sa formation, lorsqu'il étincelle au soleil au lieu d'être enveloppé par la brume. Dans ce cas-là, nous nous trouvons en présence d'un blanc parfaitement éclatant, s'enlevant sur le bleu du ciel (*fig.* 51). Et nous savons que le bleu impressionne aussi vivement, plus vivement même que le blanc notre plaque photographique. En vous parlant des plaques orthochromatiques et de l'emploi des écrans colorés, je vous ai montré par deux images successives que, si nous n'employions pas l'écran coloré, la masse de givre paraissait grise sur le ciel alors qu'en employant l'écran coloré, multipliant la pose au moins par 15, nous avions notre masse de givre s'enlevant parfaitement blanche sur le ciel représenté par un gris léger. Dans l'espèce, il est absolument nécessaire que l'écran coloré multiplie la pose par 15 au moins, car nous sommes en présence des radiations blanches et bleues très actiniques, et il faut à tout prix que le blanc domine. Lorsque la lumière n'est pas si vive, on peut faire usage d'un écran plus modéré et employer aussi la surexposition en même temps que l'écran. Cette combinaison donne de bons résultats.

Le givre, par sa blancheur, nous conduit tout naturellement à la *neige*. On est assez tenté de croire que l'effet de neige possède une esthétique particulière. Non, à proprement parler, si nous nous en rapportons à ce que nous avons dit du paysage pris au sens des beaux-arts, et qui n'est qu'un site. Si nous restons dans ces idées, l'esthétique particulière est un peu détruite. En effet, l'effet de neige demande tout particulièrement des motifs ramassés, donc des sites.

Cela se comprend : la terre étant complètement couverte d'une teinte monochrome désagréable, le blanc, il faut éviter de nous présenter l'effet de neige avec de grands horizons. Si nous allions mettre notre appareil dans les plaines de la Beauce, il y aurait certainement une très grande difficulté et une très grande habileté pour nous à représenter la fuyante de cette grande nappe blanche. Cela manquerait d'ailleurs un peu d'intérêt. Il faut donc chercher dans l'effet de neige à avoir un sujet ramassé ou du moins à avoir des premiers plans suffisamment accentués pour repousser les blancs.

Un autre point que je rappelle ici, avant de traiter la question des contre-lumière, c'est qu'il est très avantageux, lorsqu'on fait un effet de neige, de prendre autant que possible la lumière de côté (*fig.* 52), sinon en plein contre-jour. Cela se comprend. La nappe étant complètement blanche et formée de petites aiguilles, si le soleil vient à la friser un peu de côté, les ombres portées par ces petites aiguilles, celles des pas marqués dans cette nappe ou des crevasses provenant des ornières, des fossés, des ressauts de terrain ou des coups de vent, serviront de repoussoir à la neige.

Si l'on a affaire à un ciel parfaitement bleu, ce sera comme dans l'effet de givre, il faudra employer l'écran jaune. Je suis absolument partisan de l'écran jaune pour tous les effets de neige en général, d'autant plus que, pour les obtenir, il n'est pas besoin d'une pose considérable. Comme nous nous trouvons toujours dans le cas d'une opposition violente l'écran jaune aura encore cet avantage de nous permettre d'obtenir beaucoup plus de détails dans les grands noirs.

Point important : lorsque vous tirerez sur papier des épreuves d'effets de neige, rejetez tous les papiers vous donnant des tons plus ou moins pourprés dits *photographiques*. Les effets de neige se prêtent très mal à des tons chauds. Vous devez rechercher, avant tout, des tons aussi froids que possible. Ici plus que jamais la traduction de la nature doit être faite en noir et en blanc. Tout juste si les bleus et les verdâtres sont acceptables.

Quant aux phototypes négatifs des effets de neige, il faut qu'ils soient parfaitement clairs, transparents et brillants. Comme je vous l'ai dit, je n'entends pas par *brillants* des phototypes brusquement noirs et brusquement blancs, comme on les a avec certains révélateurs, l'hydroquinone par exemple, qui ont surtout tendance à amener de l'empâtement dans les noirs. Dans le cas qui nous occupe les noirs ne doivent *jamais* être empâtés.

Peut-on prendre la neige quand elle tombe? J'y ai tâché maintes fois, sans obtenir un résultat appréciable; tout au plus apercevait-on, dans les grands noirs de l'épreuve positive, de petites taches qui n'avaient pas la blancheur éclatante de la neige mais qui ressemblaient assez aux gros flocons tombant lentement.

La neige tombant nous amène tout naturellement à la pluie. Si l'on n'a pas la neige tombant, peut-on avoir la pluie? Oui, très bien, beaucoup mieux que la neige, cela c'est une autre question, parce que la pluie, lorsqu'elle tombe par grandes masses, forme

Fig. 52.

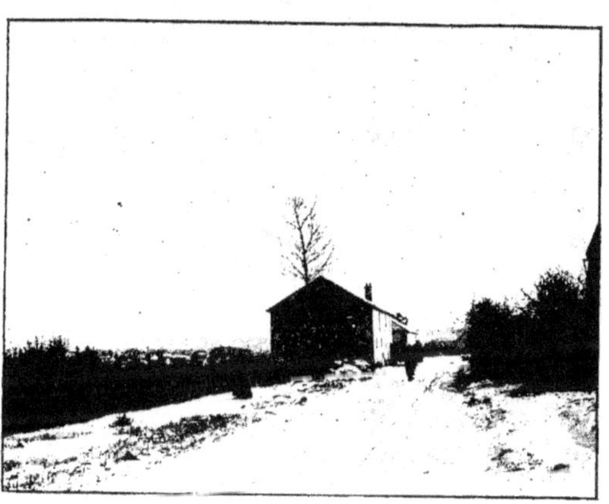

Effet de neige.

une sorte de brouillard. Encore faut-il des conditions assez particulières pour bien obtenir l'effet de pluie, c'est-à-dire se trouver à l'extrémité de l'averse ou loin d'elle et alors faire l'effet facile de la pluie lointaine. Mais pour avoir un effet véritablement de pluie tombant à l'endroit où se trouve l'opérateur, il est besoin de se trouver à l'extrémité de l'averse tout en étant dans l'averse (*fig.* 53); autrement, si vous êtes au centre, vous n'avez pas une masse assez tranchée pour marquer sur la plaque, et les gouttes d'eau tombant viennent moins bien encore que les flocons de neige, si l'artiste sait qu'il pleut, et pour cause, le spectateur s'en rend plus difficilement compte (*fig.* 54).

Les négatifs d'effets de pluie demandent à être traités également

Fig. 53.

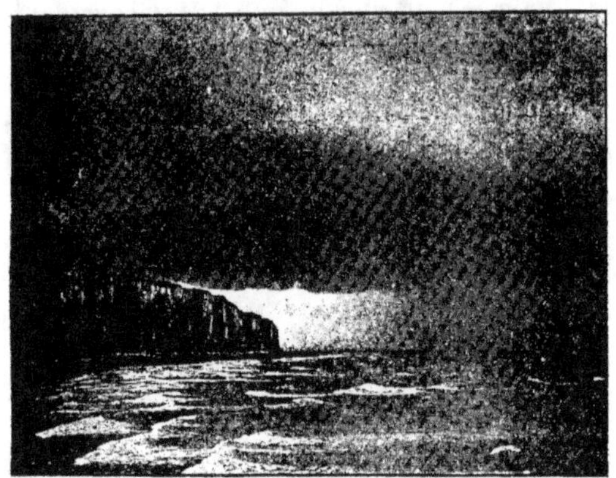

Averse au large.

Fig. 54.

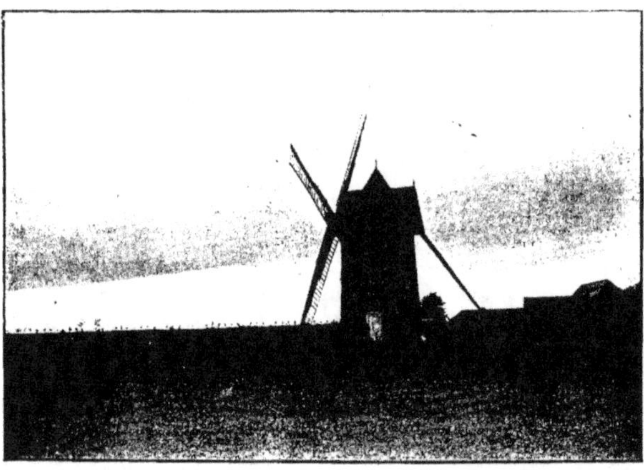

Sous la pluie.

d'une façon très légère. Doit-on employer l'écran jaune? Ce n'est pas absolument nécessaire, dans tous les cas, pour des raisons semblables à celles données pour la bruine. Les gris des grandes averses sont plus jaunes que bleus.

Après la pluie le soleil, dit un vieux proverbe. Emparons-nous de ce proverbe, puisque les proverbes sont la sagesse des nations, pour passer de la pluie au soleil et voir ce que nous pouvons en tirer.

C'est au soleil que nous devons les plus grands et les plus beaux effets : les effets de lumière. C'est au soleil aussi que nous devons l'éclairage général et particulier de nos tableaux. Si nous considérons le soleil sous toutes ses positions, nous aurons alors à étudier à la fois l'éclairage et les grands effets de lumière. C'est pourquoi je suis arrivé jusqu'à ce moment sans traiter la question de l'éclairage, sachant bien que je la rencontrerais ici.

Quelles peuvent être les positions du soleil. Prenons une ligne horizontale HZ (*fig.* 55) représentant le plan du tableau, et supposons notre chambre noire placée en A. Le soleil peut occuper sur AB, perpendiculaire au tableau, les positions extrêmes; c'est-à-dire qu'il sera dans notre dos ou qu'il sera absolument dans notre objectif, en face de nous. Il peut être de côté complètement à droite ou à gauche, dans la parallèle au tableau, c'est-à-dire à HZ. Il peut être encore dans les positions CD et EF, c'est-à-dire les bissectrices des angles droits formés par AB et HZ. Nous avons ainsi cinq positions types à droite ou à gauche du tableau et dont toutes les autres positions découlent.

Lorsqu'on ouvre un petit manuel de Photographie, on ne manquera pas d'y trouver : « Pour bien travailler il faut avoir le soleil dans le dos; surtout ne l'ayez pas autrement que *dans le dos*, parce que vous feriez des épreuves voilées qui ne vaudraient rien du tout. »

Si fine, si bien détaillée, au premier plan, que puisse être une épreuve prise de la sorte, pour mon compte, si elle est, techniquement parlant, bonne, au point de vue artistique je la trouve parfaitement ridicule; elle n'a ni ombres, ni valeurs, pas le moindre effet; elle a été prise avec le soleil nettement dans le dos! Ce serait vraiment dommage si l'on ne pouvait travailler autrement, car la Photographie se montrerait absolument impropre à l'art : ce qui n'est pas.

Laissons tourner le soleil, ou pour mieux dire la terre, jusqu'au moment où il prendra la position de 45° et en avant du tableau, direction CD ou EF. À cet instant-là, nous nous trouverons avec un éclairage meilleur. Si nous avions eu, par exemple, une borne avec éclairage dans le dos, l'ombre de cette borne aurait été complètement projetée derrière elle. Nous eussions perdu ainsi l'ombre de l'objet qui est un soutien de lignes, excellent en dehors même du soutien de la tonalité. Au contraire, lorsque nous arriverons à la position de 45°, nous aurons déjà un commencement d'ombre, mais une ombre fuyante qui paraîtra d'autant plus petite et d'autant plus courte que l'effet de perspective sera plus accentué. Plus nous quitterons alors l'inclinaison de 45° pour nous rapprocher du plan du tableau, de la direction HZ, plus notre éclairage prendra d'ampleur, plus l'ombre de notre borne arrivera près de la formation d'un angle droit avec le sujet, c'est-à-dire du moment où nous avons une assiette du sujet, son maximum de soutien. Alors le soleil sera *de front* et donnera déjà un éclairage tout à fait suffisant. Nous serons dans ce qu'on est convenu d'appeler l'*éclairage normal*.

Toutefois il faut faire attention que les seconds plans soient aussi dans le front du tableau; autrement, s'ils font un angle avec le tableau, ils pourraient se retrouver dans la position où nous étions tout à l'heure avec l'éclairage de dos, c'est-à-dire éclairés

Fig. 55.

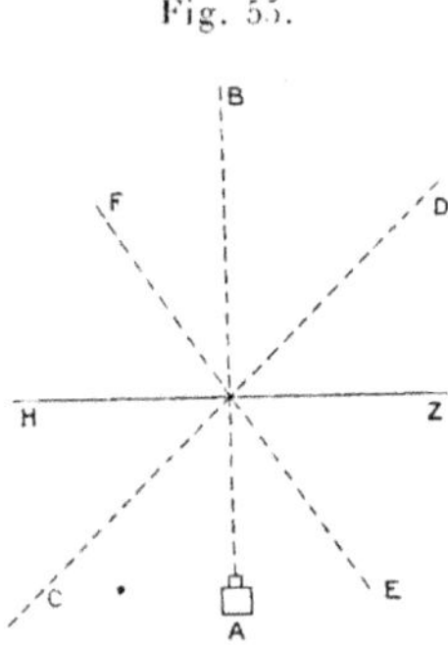

trop de face, manquer d'effet et appauvrir, sinon détruire, celui du premier plan. Cependant, cette position d'angle peut concourir à augmenter l'effet, dans le cas particulier où le second plan ainsi placé se trouve éclairé par derrière. Ses masses forcément sombres

Fig. 56.

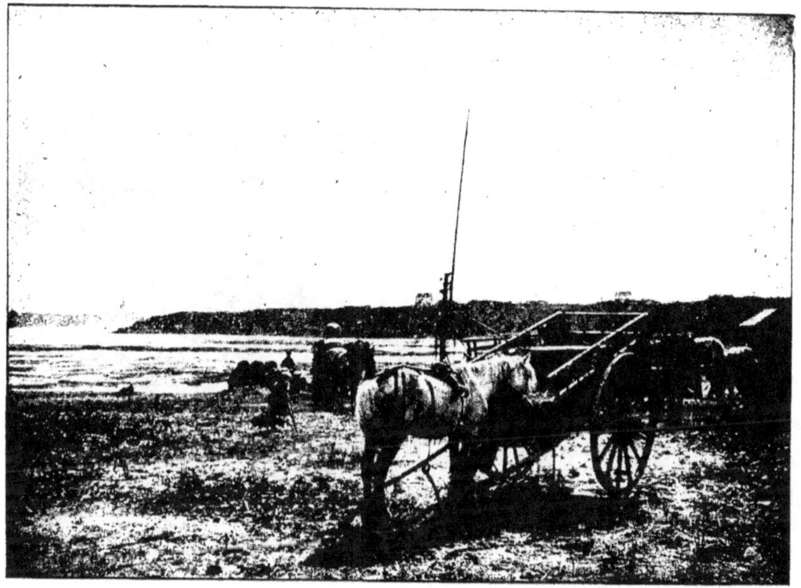

Effet de soleil en position arrière inclinée.

et ses ombres projetées en avant avivent les lumières frisantes du sujet éclairé.

La terre continuant toujours à tourner, le soleil se montrera à l'arrière du tableau. Plus le soleil ira du front vers l'arrière, plus les lumières frisantes prendront de valeur, jusqu'au moment où le premier plan se détachera en silhouette noire sur le fond plus ou moins éclairé : position souvent défavorable esthétiquement, mais qui peut néanmoins produire d'excellents effets lorsqu'il s'agit, par exemple, de faire fuir un paysage plat en donnant une très grande accusation au premier plan.

En allant de la position de front à cette position complètement arrière, on arrive, à un moment donné, à la position arrière inclinée à 45° sur le plan du tableau, donc aussi sur l'axe médian de l'ob-

Fig. 57.

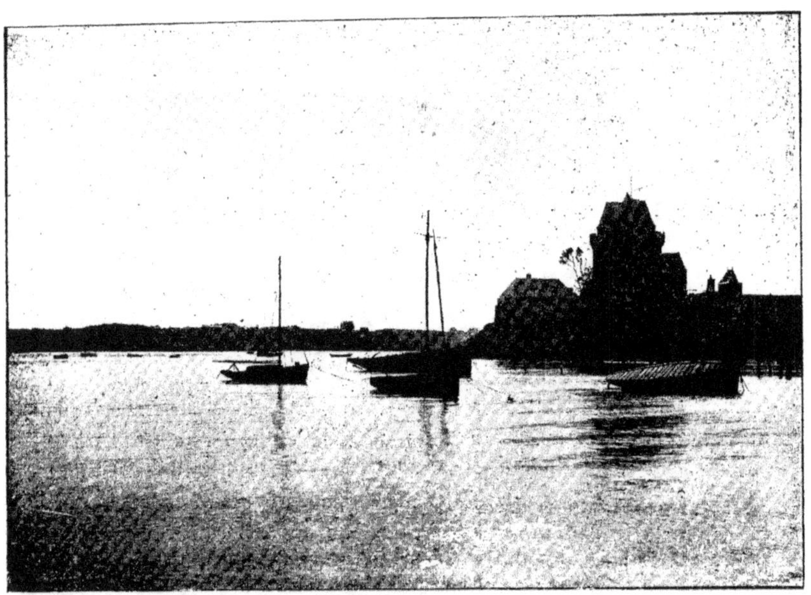

Effet de soleil en position arrière de face.

jectif (*fig.* 56). Dans ce cas, les rayons lumineux frapperont les parois intérieures du tube de l'objectif et seront réfléchis. Ne peut-on pas opérer? On le peut parfaitement, en mettant beaucoup de soin au développement. Tout en Photographie n'est pour ainsi dire qu'affaire de développement et de soin; par une bonne conduite du développement on peut se tirer de tous les pas difficiles. Je vous avoue néanmoins que celui-ci est un des plus difficiles.

On peut encore rendre l'épreuve meilleure et le développement moins délicat par un léger sacrifice. Nous avons vu qu'il valait mieux travailler toujours à toute ouverture de l'objectif pour bénéficier des rayons marginaux qui donnent plus de relief à l'image. Or, dans le cas particulier où nous aurons le soleil à 45° devant nous, étant gênés par l'abondance des réflexions dans le tube de l'objectif, nous sacrifierons un peu de relief en diaphragmant pour éliminer un certain nombre de rayons marginaux et diminuer ainsi l'abondance des réflexions qui augmentent, dans des proportions notables, ce que j'ai nommé le *voile de sous-exposition*.

Aussitôt que nous passons 45°, que nous allons au delà, alors nous travaillons franchement avec le soleil en plein dans l'objectif, (*fig. 57*) mais nous attaquons aussi les très beaux effets dits de *contre-lumière*. L'étude de la contre-lumière se présente à nous sous trois espèces : 1° le soleil est en dehors du champ du tableau, à droite, à gauche ou en haut; 2° le soleil est dans le champ du tableau, mais masqué par des nuages; 3° le soleil est dans le champ du tableau, dégagé de tous nuages, à nu.

Dans le premier cas : soleil en dehors du champ du tableau, lorsque l'astre est dans le plan perpendiculaire à l'axe médian horizontal de l'objectif, nous nous trouvons, mais par des raisons autres, dans une situation plus difficile encore que celle où le soleil est à 45° de face. La difficulté cependant n'est véritablement très réelle qu'autant que le plan vertical du soleil tombe entre l'objectif et le premier plan, ou un peu en arrière de ce premier plan. Ainsi placé, le soleil détermine entre l'objectif et le sujet, de par le fait des altérations de l'atmosphère, une grande nappe lumineuse semblable à la traînée lumineuse dont nous avons parlé à propos des jeux de lumière et de l'expérience de Tyndall.

Cette nappe lumineuse contient de nombreuses radiations jaunes; elle paraît très dorée : les poètes décadents la nomment *brouée d'or*. Notre objectif la transperce bien difficilement; aussi le plus souvent, dans ce cas, l'image se présente-t-elle non pas avec un voile mais un grisaillement général. Plus cette nappe lumineuse s'éloigne ou se rapproche de notre objectif, moins difficile devient l'obtention du motif, et nous l'avons même sans le moindre effort, lorsque le soleil arrive à la limite extrême de l'angle embrassé et que son plan vertical tombe sur les tout arrière-plans de notre motif. Dans le cas des marines, nous avons ainsi des luisants sur la mer (*fig.* 58) qui sont toujours d'un très bel effet. Ces luisants peuvent également se produire quand le soleil se trouve dans le champ du tableau mais masqué par les nuages.

Cette position n'offre pas la moindre difficulté, surtout si l'on fait emploi d'un écran jaune clair ou moyen. Il n'y a qu'à braquer franchement son objectif devant le motif. Il n'y a absolument qu'à oser. Malheureusement, avec le malencontreux préjugé du soleil dans le dos, on n'ose pas oser. Je vous en prie, osez : vous serez tout étonnés de constater que rien au monde n'est plus simple que l'obtention de ces effets.

Tout aussi simple pour le moins est l'obtention des effets de la deuxième catégorie : le soleil dans le champ du tableau masqué par des nuages ; là, plus que jamais, il n'y a qu'à oser.

Soit que le soleil se sente au haut du cadre avec une pointe lumineuse visible (*fig.* 59), comme nous le rencontrons le soir avec un ciel moutonné ; soit qu'il se sente en plein tableau sous un amoncellement de nuages orageux d'une chaude matinée (*fig.* 60) où la formation des masses sombres d'un orage montant (*fig.* 61), soit qu'il arrive aux approches de son coucher, caché par des bandes opaques d'où il envoie ces rais en éventail (*fig.* 62) que nos marins désignent sous le nom de *pieds de pluie,* ou noyé dans la brume montant de la mer (*fig.* 63) après une journée chaude et humide, ou obscurci momentanément par un petit paquet de nuages (*fig.* 64) chassé par un coup de vent, ou enfin, complètement arrêté par des frondaisons épaisses (*fig.* 65) et ne semblant plus envoyer ses rayons que vers le zénith en nous donnant ces belles lueurs crépusculaires de l'automne.

Quel que soit le cas, nous nous trouvons en présence de la contre-lumière franche, c'est-à-dire de la source des plus beaux effets de la nature, de ses plus grandioses mêmes, car la contre-lumière franche comprend les levers et couchers du soleil.

Que se passe-t-il de particulier à ces moments-là? L'atmosphère altérée nous a donné dans le courant du jour des radiations plus ou moins bleues et violettes qui ont formé la perspective aérienne, change de couleur. Le soir, l'atmosphère paraît alternativement rouge, orangée et jaune. Le matin elle nous apparaît très rarement avec le rouge franc, mais très souvent mélangée de jaune consti-

Fig. 58.

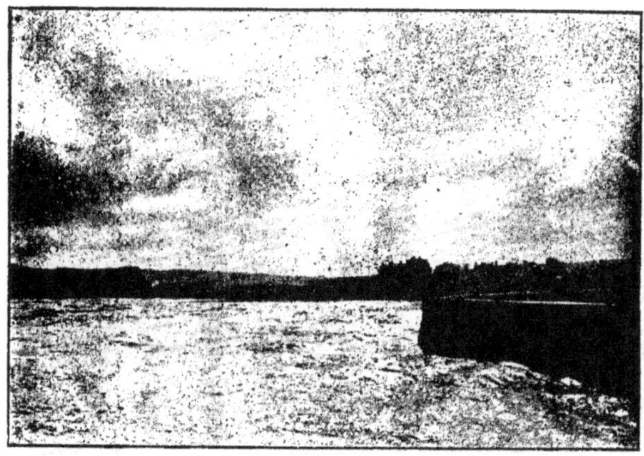

Les luisants de la mer.

Fig. 59.

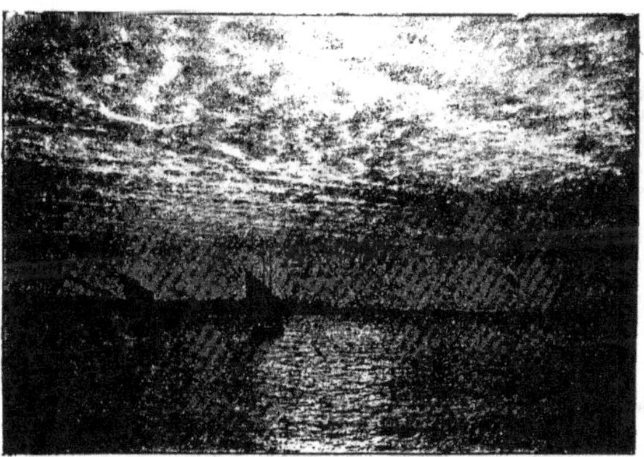

Effet de soleil entrant dans le tableau.

tuant cette teinte que nous nommons, sur la palette du peintre, *couleur aurore*.

Le soir, la lumière, qui pendant tout le jour a dépensé, par épar-

Fig. 60.

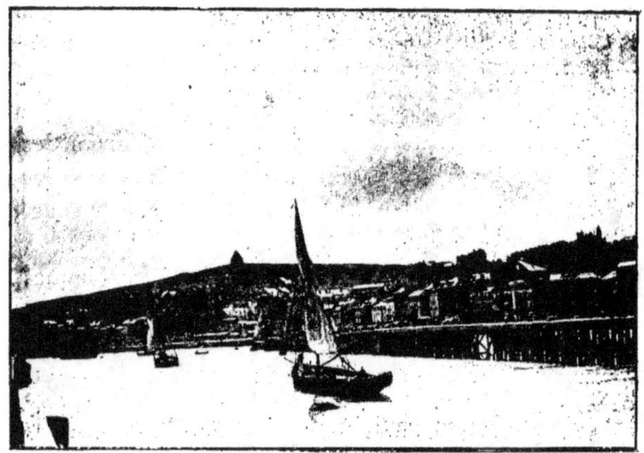

Matinée orageuse par soleil dans le tableau masqué sous un nuage.

Fig. 61.

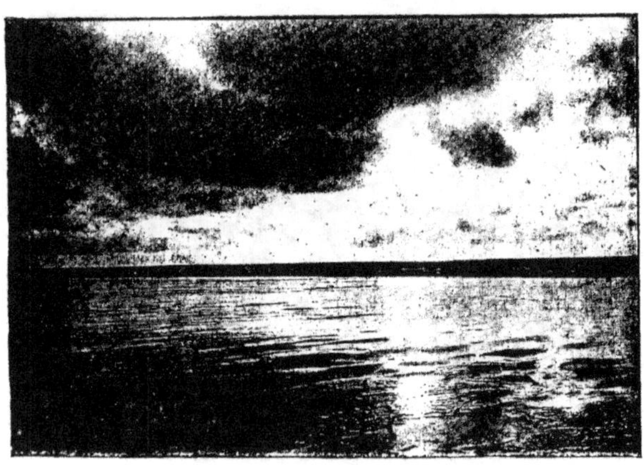

Effet de soleil couchant par orage montant.

pillement, une quantité énorme de rayons bleus et violets, s'est trouvée considérablement appauvrie. De plus, lorsque le soleil est très loin de nous, à l'horizon, il a beaucoup plus de couches atmosphériques à traverser par rapport à notre objectif qui le voit directement. Les rayons à arrêter ne seront plus seulement les bleus et les violets, il n'y en a presque plus; il restera à arrêter les rayons bleus et orangés, fréquemment aussi les rouges.

Le matin, l'atmosphère est beaucoup plus reposée, beaucoup plus tranquille, moins altérée. Si nous avons affaire à des particules, ce sont des particules chargées de rosée. Alors les radiations seront moins chaudes de ton; les teintes, par conséquent, plus actiniques que le soir.

Devons-nous prendre à ces moments-là l'écran jaune? Voilà une question palpitante. Les uns prétendent que, lorsque arrive le soir, il est tout à fait inutile de se servir d'écran jaune.

D'autres, au contraire, vous diront : « C'est justement le soir qu'il faut employer l'écran jaune. »

Qui a raison ou qui a tort? Ils ont tort les uns et les autres, et ils ont raison tous les deux. Cette affirmation vous semble, n'est-ce pas, un peu bien paradoxale.

Si nous travaillons en face du soleil, qu'on veuille le prendre alors qu'il paraît n'émettre que des radiations rouges, jaunes ou orangées, nous n'avons pas du tout besoin d'écran jaune. Le bleu est très suffisamment atténué pour ne pas nous gêner. La surexposition, légère ou forte, suffit toujours. Inutile donc d'employer l'écran jaune.

Mais si nous nous retournons en nous mettant dans le sens indiqué par le manuel du bon photographe, c'est-à-dire si nous tournons le dos au soleil, qu'aurons-nous devant nous? Une couleur qui ne sera pas du tout du jaune ou du rouge, mais une couleur bleu violet, d'autant plus accentuée en violet que le couchant sera plus chaud. C'est qu'en effet, à ce moment-là, toute la nature environnante, opposée au soleil, reçoit d'une façon très directe toutes les radiations bleues du zénith. Toutes les ombres sont beaucoup plus bleues le soir, dans la nature, dans la direction du levant. Plus le couchant sera rouge, plus nous aurons par opposition une teinte violette vers le levant, et plus nous aurons des valeurs actiniques considérables qui, si nous n'employons pas l'écran jaune, nous donnerons une nature absolument banale, vague et plate dont nous ne tirerons rien.

Voilà, je crois, le moyen de mettre l'accord entre ceux qui veulent l'écran jaune et ceux qui n'en veulent pas : il est bon dans certains cas et inutile dans d'autres. Pour s'entendre, il suffit de préciser ces cas.

Dans la contre-lumière, surtout dans la contre-lumière violente, vous remarquerez souvent une ligne blanchâtre, mince, silhouettant les objets sombres s'enlevant sur le fond lumineux, et aussi les objets clairs s'enlevant sur fond sombre. Dans ce dernier cas, cependant, la ligne est moins nette : elle tend plus à former auréole que silhouette. D'aucuns croient ce phénomène spécial au développement lent : ce n'est pas absolument mon avis. Je ne traiterai pas cependant la question ce soir; elle est trop complexe. Je vous ferai remarquer que ces effets de silhouettage se présentent surtout lorsqu'il s'agit de contre-lumière, c'est-à-dire d'opposition très violente de blanc sur du noir ou de noir sur du blanc.

Il existe sur la plaque, quel que soit le mode de développement que l'on emploiera pour révéler l'image latente, et provient de la diffusion de la lumière dans la couche. C'est une des formes dites de *halo*. Que le développement lent vienne ensuite l'accuser un peu plus par la diffusion du révélateur dans la couche, je n'y contredis pas, pour l'instant du moins. Je crois, en effet, qu'il peut y avoir aggravation du halo, de ce silhouettage par le développement lent, mais la cause première n'est pas dans la lenteur du développement; elle demeure bien dans la production première du halo lui-même. Un développement rapide au diamidophénol nous donne ce silhouettage plus ou moins accusé quand nous nous trouvons dans les conditions de contre-lumière. Il ne semble donc pas qu'il y ait production par le développement lent, mais peut-être, je le répète, aggravation. La question est à l'étude. On la résoudra certainement, mais, déjà, en admettant que ce silhouettage provienne exclusivement du développement lent, ce n'est qu'un défaut bien minime en comparaison des merveilleux résultats que l'on obtient, au point de vue du ciel surtout, car, par l'estompe ou par le pinceau, et sans avoir recours à des connaissances de dessin, on peut faire disparaître ce silhouettage de l'épreuve positive. Un mot encore. C'est au phénomène de

Fig. 62.

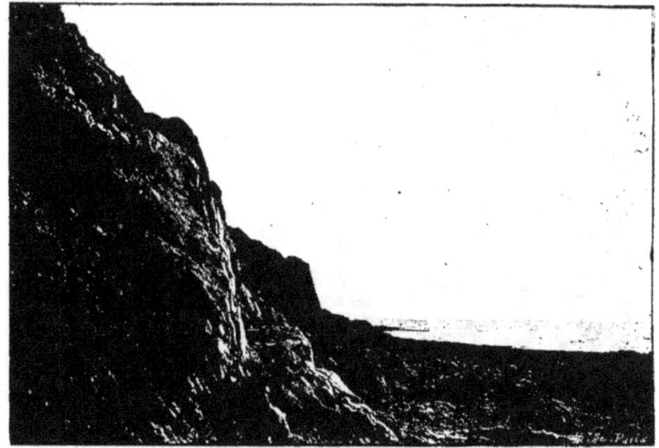

Effet de soleil couchant après la pluie.

Fig. 63.

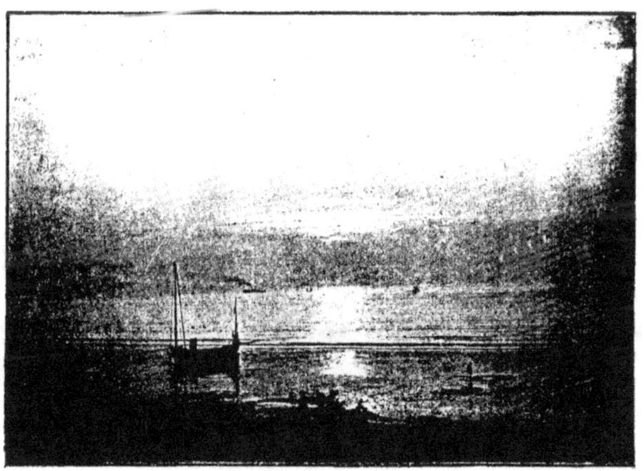

Effet de soleil couchant dans la brume.

silhouettage que l'on doit ces réflexions ineptes de gens qui se croient très forts en Photographie (ils sont légion) et qui déclarent,

Fig. 64.

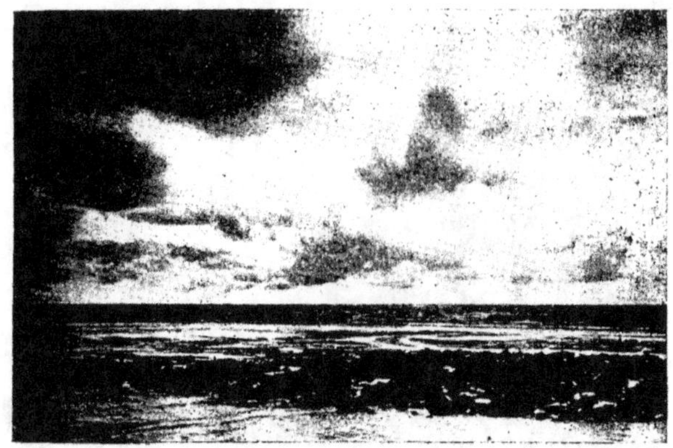

Effet de soleil couchant par coup de vent.

Fig. 65.

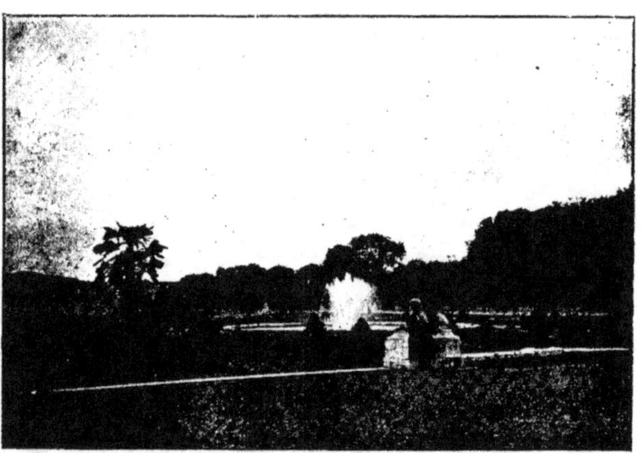

Effet de crépuscule.

en se rengorgeant, que l'épreuve a été truquée par un report de ciel, alors que le ciel a été bel et bien obtenu directement avec le reste du motif. Les pauvres critiques! Ils ne se doutent pas, dans leur majestueuse ignorance, que ce silhouettage est justement la preuve contraire de ce qu'ils avancent.

Si les effets de soleil dans le tableau, mais sous nuages, sont très beaux et peuvent vous inciter justement à faire de l'art en Photographie, il est rare que le soleil, dans le champ du tableau et dégagé de nuages, le soleil à nu, constituant le troisième des cas que j'ai établis précédemment puisse nous fournir des œuvres ayant une valeur véritablement artistique. Le soleil forme trop dans le tableau le fameux pain à cacheter des peintres. Ce genre d'effet n'est généralement pas très avantageux; excepté cependant dans le cas où le soleil est entouré de nuages faisant repoussoir. Encore éprouve-t-on souvent un certain sentiment d'éblouissement, plutôt désagréable. Quoi qu'il en soit, ce genre d'effet est aussi bien permis au photographe que tous les autres. Mieux vaut cependant, pour éviter le halo annulaire autour du soleil, lorsqu'on ne fait pas emploi de plaques anti-halo, n'opérer qu'autant que l'astre se montre sous certaines incidences, par exemple quand il se trouve assez près de la bordure supérieure du tableau ou au ras de l'horizon, au moment où il entre dans les brumes lointaines, prenant déjà la forme elliptique (*fig.* 66).

Puisque nous pouvons avoir tous les effets de soleil, pouvons-nous, Mesdames et Messieurs, avoir les effets de lune? Ayant les effets de jour, pouvons-nous avoir les effets de nuit? Certainement; aucune raison ne s'y oppose dès l'instant qu'on peut poser, en profitant du calme de l'atmosphère.

L'effet de lune, lorsque l'astre est dans son plein, très élevé au-dessus de l'horizon, ne demande guère plus de vingt minutes à trente minutes de pose à toute ouverture d'un objectif F/7 ou F/8. Vous pouvez arriver à une heure de pose avec une ouverture de F/16.

Le plein de la lune n'est pas d'une nécessité absolue. Nous avons d'autres moments pour travailler : les quatre nuits qui précèdent la pleine lune et les quatre nuits qui la suivent. Ainsi, dans l'espace d'un mois, vous pouvez travailler huit nuits au clair de lune, si le temps le permet.

Évidemment le temps de pose est modifié par la position de l'astre au-dessus de l'horizon et par sa plus ou moins grande plénitude, comme dans le jour le temps de pose est modifié par la position du soleil. Pour calculer ce temps de pose, il faut connaître d'une façon spéciale les mouvements lunaires. Ce n'est pas d'une difficulté très grande; il existe des Tables astronomiques qui permettent d'atteindre à ce but.

Doit-on avoir la lune parfaitement claire, parfaitement pure, sans nuages ou avec des nuages? Il vaut mieux dans l'espèce avoir la lune avec des nuages, allant vite, c'est-à-dire passant par intermittence devant la lune pendant la pose. En effet, nous nous retrouvons dans les mêmes conditions que dans le jour où nous avons beaucoup plus de finesse dans les ombres et beaucoup moins de heurtés dans les lumières, lorsque nous opérons par un temps légèrement couvert. L'instantanéité, si chère aujourd'hui à tout le monde, est bien meilleure dans ces conditions-là; d'ailleurs, rappelez-vous que la pose doit être relativement plus longue quand le soleil frappe en plein le motif que lorsque celui-ci est enveloppé de lumière diffusée par un ciel bleu ou nuageux.

Point curieux : l'effet de lune ne semble pas se prêter à la surexposition. Nous n'avons aucun avantage à poser une ou deux heures au lieu de poser une demi-heure si c'est le temps de pose jugé nécessaire. Bien plus, la surexposition dans les effets de lune m'a toujours paru accentuer le heurté.

Le point difficile n'est pas la justesse du temps de pose, mais bien la conduite du développement. L'image ne se présente pas de la même façon que celle prise au clair du jour : les détails, les demi-teintes et les lumières même y sont très ternes. Vous comprenez bien que la grande lumière arrive très affaiblie. Vous n'aurez pas les grandes opacités que produisent les effets de soleil. Il faut chercher, avec un développement lent et bien conduit, à faire monter les détails dans les ombres, sans se préoccuper des lumières et essayant surtout de ne pas avoir de voile.

Le paysage par effet de lune est et doit être surtout un paysage découvert. Le sous-bois, par exemple, se prête mal à l'effet lunaire; ce n'est pas là qu'une simple question de temps de pose. La lumière de la lune est une lumière réfléchie, et les ombres

qu'elle projette dans les sous-bois seront toujours parfaitement
opaques et sans demi-teintes appréciables. Quel que soit donc le
temps que l'on posera, on obtiendra toujours des oppositions
violentes et sans détails dans les ombres.

Quant à la nuit, même sans lune, on peut parfaitement bien,
lorsqu'elle est claire, obtenir en moins d'une heure, avec objectif
à F 8, les masses sombres, accusées dans leurs principaux détails.
Ces effets sont assez curieux quand il y a surtout, comme dans les

Fig. 66.

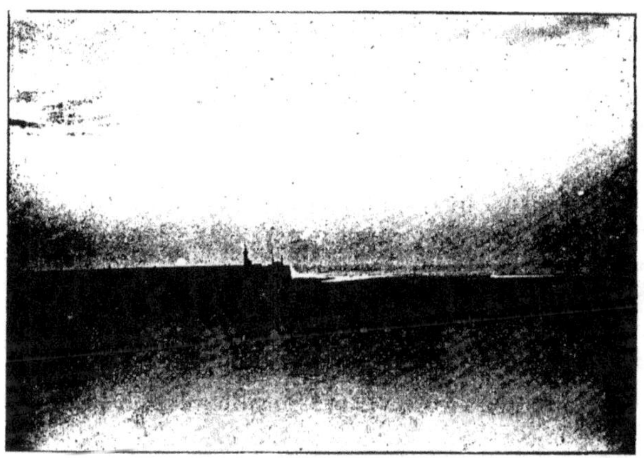

Soleil visible dans le tableau.

villes, abondance de points lumineux, mais en somme leur valeur
artistique est loin d'être directement proportionnelle à la peine
du travail : de plus, tous les effets de nuit sont si proches parents
qu'on est tenté de les prendre pour des sosies. Je n'insisterai donc
pas davantage sur ce point.

Il me suffisait de vous l'indiquer pour vous montrer combien
nous avons, Mesdames et Messieurs, la possibilité de satisfaire,
aussi pleinement que la monochromie peut nous le permettre,
aux deux premiers des trois facteurs nécessaires à la production
d'une œuvre d'art.

Satisfaction de nos sens : nous l'avons par l'exécution technique, le respect absolu de la perspective, la réalisation proportionnelle des degrés de clarté, l'alliance de la forme du tableau avec la dominante des lignes.

La satisfaction de notre raison : nous l'avons par la juste pondération des ombres et des lumières, par la composition des constituantes qui donnent l'harmonie dans le tableau. Or l'harmonie est la fille chérie de la raison; celle-ci la recherche partout, et partout où elle se trouve la raison est satisfaite.

Quant au troisième facteur, la satisfaction de notre intelligence, nous y atteignons par la possibilité d'obtenir tous les effets rendant ainsi l'image plus suggestive, permettant au spectateur d'avoir une pensée évoquée, justement par l'impression qu'il reçoit de notre œuvre. Il est certain encore que, si vous choisissez habituellement vos points de fuite de façon que le regard du spectateur puisse se perdre en quelque sorte dans le tableau, vous aurez déjà un commencement de la satisfaction de l'intelligence.

Une ligne fuyante passant derrière un monument, derrière un buisson, derrière une montagne, restant indéterminée dans le tableau même, comme nous l'avons vu quand j'ai traité de la question de l'entrée dans le tableau, portera la pensée du spectateur dans l'au-delà de ce qu'il a sous les yeux. C'est un commencement de pensée suggestive. Nous avons encore bien d'autres amorces de l'évocation de la pensée, dans les plaines sans bornes, dans les horizons infinis, dans des brumes très légères et que nous pouvons obtenir facilement; mais il existe encore, pour la plus ou moins complète satisfaction de notre intelligence, à donner du sentiment à notre œuvre, à lui fournir une âme qui parle à la nôtre. Pour cela il faut tout d'abord et avant tout être artiste : il ne saurait y avoir de règles pour l'être. Tous les préceptes et toute la pratique restent impuissants à douer du sens artistique ceux qui n'en ont pas le don en naissant. L'esthétique ne peut être qu'une éducatrice; éducatrice absolument nécessaire, on le voit trop en examinant toutes les œuvres qui nous sont présentées comme œuvres d'art; mais toute bonne éducatrice qu'elle est, si savante qu'elle soit, elle ne peut devenir la fée bienfaisante donnant un don que la nature a refusé.

Je me vois donc forcé, Mesdames et Messieurs, de m'arrêter, non sans vous remercier de l'attention et de l'assiduité constantes que vous m'avez prêtées. Continuez à apporter cette assiduité et cette attention aux choses de la Photographie. Rappelez-vous que c'est la France qui a donné la Photographie à l'Univers et que, dans les moindres questions photographiques, la France doit prendre le pas sur toutes les autres nations. C'est sur ce « souvenez-vous », cher à tout cœur français, que j'ai le vif regret, Mesdames et Messieurs, de me séparer de vous ce soir d'une façon définitive.

FIN.

TABLE DES MATIÈRES.

CINQUIÈME LEÇON.

Développement et tirages artistiques.

SIXIÈME LEÇON.

Grands effets.

FIN DE LA TABLE DES MATIÈRES.

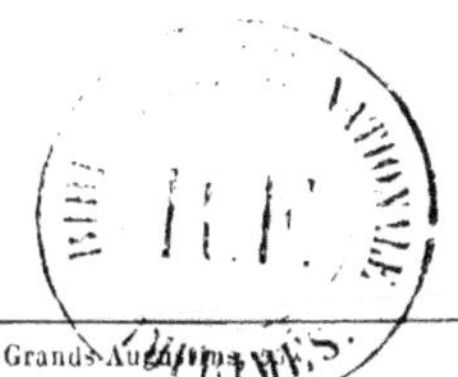

26037   Paris. — Imprimerie GAUTHIER-VILLARS, quai des Grands-Augustins, 55.

QUOD RELIGIONI,

REIQUE LITTERARIÆ,

TOTIQUE ADEO REIPUBLICÆ,

FELIX, FAUSTUM, FORTUNATUMQUE SIT,

Anno reparatæ falutis humanæ millefimo feptingentefimo feptuagefimo tertio, ex quo regnare cœpit LUDOVICUS *XV, cognomine dilectus quinquagefimo octavo.*

Die Lunæ nonâ menfis Augufti, anno 1773.

COLLEGIUM

ATREBATENSE

ATHLETAS SUOS HOC ORDINE CORONAT AC REMUNERATUR.

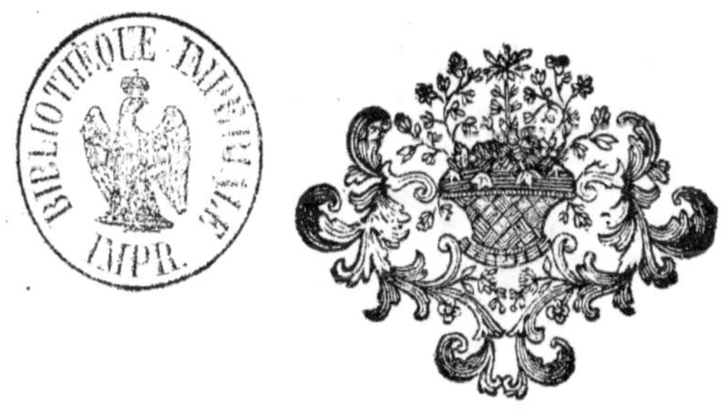

ATREBATI,

Apud GUYDONEM CAROLUM DELASABLONNIERE, Collegii Typographum.

M. D. CC. LXXIII.